大家小书

# 大学教育

蔡元培 著
北大元培学院 编

北京出版集团公司
北京出版社

**图书在版编目（CIP）数据**

大学教育 / 蔡元培著；北大元培学院编. — 北京：北京出版社，2018.2
（大家小书）
ISBN 978-7-200-13633-3

Ⅰ. ①大… Ⅱ. ①蔡… ②北… Ⅲ. ①高等教育—研究 Ⅳ. ①G64

中国版本图书馆 CIP 数据核字（2017）第 282898 号

·大家小书·

大学教育

DAXUE JIAOYU

蔡元培 著 北大元培学院 编

*

北京出版集团公司
北京出版社 出版
（北京北三环中路 6 号 邮政编码：100120）
网址：www.bph.com.cn
北京出版集团公司总发行
新华书店经销
北京华联印刷有限公司印刷

*

880 毫米×1230 毫米 32 开本 8.625 印张 140 千字
2018 年 2 月第 1 版 2018 年 5 月第 2 次印刷

ISBN 978-7-200-13633-3

定价：38.00 元

如有印装质量问题，由本社负责调换
质量监督电话：010-58572393

北京大学时期的蔡元培先生

不是一时能達到的。政黨不能常握政權，往々不出數年，便要更迭。若把教育權也交與政黨，兩黨更迭的時候，教育方針，也要跟著改變，教育就沒有成效了。所以教育事業不可不超然於各派政黨以外。

教育是進步的；凡有學術，總是後勝於前，因為後人憑著前人的成績，更加一番工夫，自然更進一步。教會是保守的；無論什麼樣尊重科學，一到聖經的成語，便絕對的不許批評，便是加了一個限制。教育是公同的；英國的學生，可以讀阿拉伯人所作的文字，印度的學生，可以用德國人所造的儀器；教會是差別的；都沒有什麼界限。基督教與回教不同，回教又與佛教不同。不但這樣，基督教裏面，天

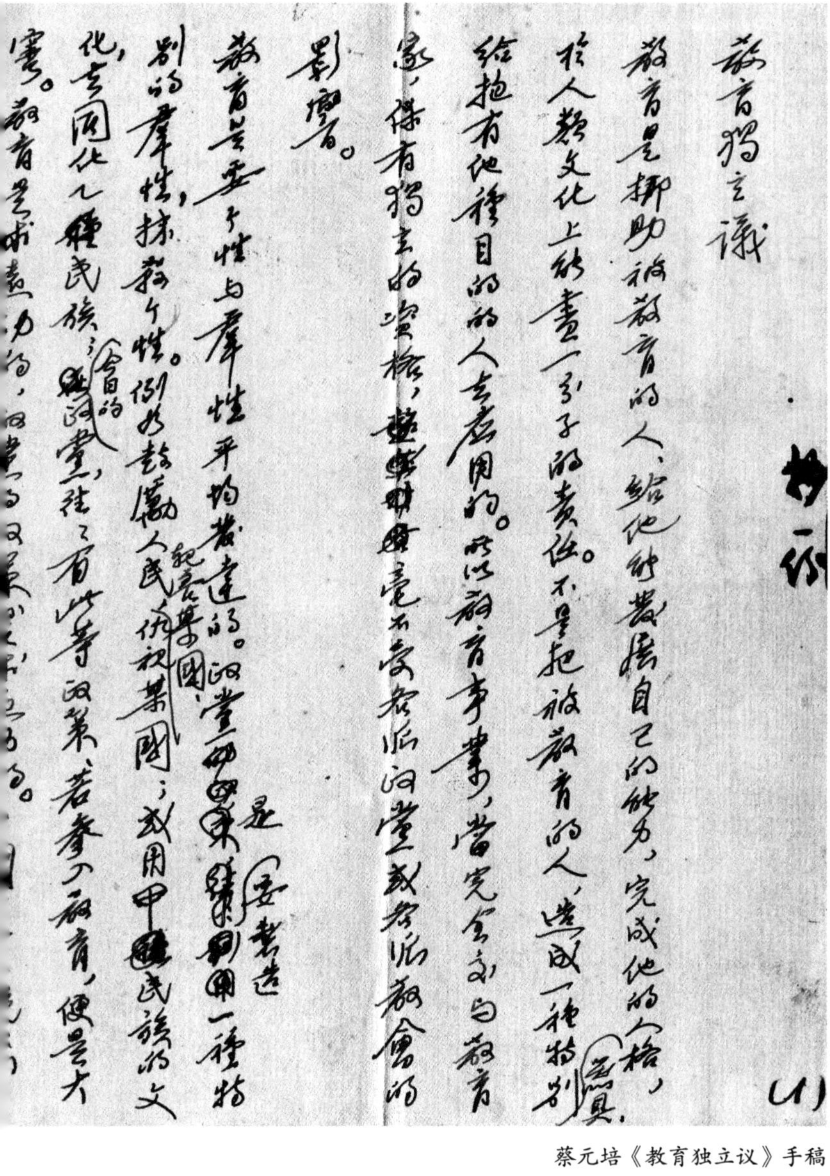
廿一　　(1)

教育独立议

教育是帮助被教育的人，给他能发展自己的能力，完成他的人格，于人类文化上能尽一分子的责任。不是把被教育的人，造成一种特别器具，给抱有他种目的的人去应用的。所以教育事业，当完全交与教育家，保有独立的资格，毫不受各派政党或各派教会的影响。

教育是要个性与群性平均发达的。政党是要制造一种特别的群性，抹杀个性。例如鼓励人民亲善某国，仇视某国；或用甲民族的文化，去同化乙种民族；今日的政党，往往有此等政策，若参入教育，便是大害。

教育是求远效的，政党的政策是求近功的……

蔡元培《教育独立议》手稿

# 总　　序

袁行霈

“大家小书”，是一个很俏皮的名称。此所谓“大家”，包括两方面的含义：一、书的作者是大家；二、书是写给大家看的，是大家的读物。所谓“小书”者，只是就其篇幅而言，篇幅显得小一些罢了。若论学术性则不但不轻，有些倒是相当重。其实，篇幅大小也是相对的，一部书十万字，在今天的印刷条件下，似乎算小书，若在老子、孔子的时代，又何尝就小呢？

编辑这套丛书，有一个用意就是节省读者的时间，让读者在较短的时间内获得较多的知识。在信息爆炸的时代，人们要学的东西太多了。补习，遂成为经常的需要。如果不善于补习，东抓一把，西抓一把，今天补这，明天补那，效果未必很好。如果把读书当成吃补药，还会失去读书时应有的那份从容和快乐。这套丛书每本的篇幅都小，读者即使细细地阅读慢慢地体味，也花不了多少时间，可以充分享受读书的乐趣。如果把它们当成补药来吃也行，剂量小，吃起来方便，消化起来也容易。

我们还有一个用意，就是想做一点文化积累的工作。把那些经过时间考验的、读者认同的著作，搜集到一起印刷出版，使之不至于泯没。有些书曾经畅销一时，但现在已经不容易得到；有些书当时或许没有引起很多人注意，但时间证明它们价值不菲。这两类书都需要挖掘出来，让它们重现光芒。科技类的图书偏重实用，一过时就不会有太多读者了，除了研究科技史的人还要用到之外。人文科学则不然，有许多书是常读常新的。然而，这套丛书也不都是旧书的重版，我们也想请一些著名的学者新写一些学术性和普及性兼备的小书，以满足读者日益增长的需求。

“大家小书”的开本不大，读者可以揣进衣兜里，随时随地掏出来读上几页。在路边等人的时候，在排队买戏票的时候，在车上、在公园里，都可以读。这样的读者多了，会为社会增添一些文化的色彩和学习的气氛，岂不是一件好事吗？

“大家小书”出版在即，出版社同志命我撰序说明原委。既然这套丛书标示书之小，序言当然也应以短小为宜。该说的都说了，就此搁笔吧。

# 守正创新，引领未来

北京大学校长 林建华

蔡元培先生出生于1868年1月11日，是中国杰出的教育家、思想家、民主主义革命家，1916年12月26日出任北京大学校长，为中国近代教育、文化、科学事业做出了开创性的贡献，被毛泽东誉为“学界泰斗，人世楷模”。1917年1月9日，蔡元培先生在北大开学典礼上发表了就职演说，从思想学术上为国人开导出一股新潮流。正是因为蔡先生注重学术研究，倡导“思想自由、兼容并包”，科学、民主的思想得以传播，从而奠定了北京大学的学术精神，北大也成为新文化运动的中心，五四爱国运动的发祥地。

北京大学元培学院在蔡元培先生诞辰150周年之际编辑出版这本“大家小书”《大学教育》，主旨就是守正创新，引领未来。蔡元培先生的教育思想博大精深，他在中国高等教育中所做的开创性工作，对于当代的大学教育具有重要的借鉴意义。2001年，北京大学启动以蔡元培先生命名的本科教育教学改革项目——元培计划；2007年，元培学院正式成立。16年来，元培学院始终积极稳妥地推进北大本科教育教学改革，引领了中国高等教育人才培养模式的探索与实践。元培学院是北京大学实行教学改革的“尖刀班”，通过十几年的不懈努力，在北大的教学制度、教育方式上做出了很多有益的探索。这个成就不仅体现在元培学院本身的发展上，也体现在整个学校的教育改革成就上。教育改革任务依然艰巨，我们仍然在路上。让我们共同纪念元培校长，也让我们共同努力，把北大办得更好，为中国和世界做出更大的贡献。

今天的科学和教育事业，只有转变发展模式，大胆地、自信地走出自己的路子，才能实现跨越式发展，站到世界最前沿。审视当下，知识、科技与经济社会的融合渗透空前紧密，大学发展与社会进步的互动影响同样空前紧密。在这个高度竞争、机遇无限、跨越发展的时代，北京大学应当如何回应时代需求、承担时代责任？

首先，北大必须坚持以立德树人为根本，为青年学生提供最好的教育，培养能够引领未来发展的人才。要有清晰的价值导向，明确大学是培养人和实践人类创造的场所，必须严守学术独立和学术尊严，坚持和追求真理。

第二，作为中国基础最雄厚、思想最活跃的大学之一，北大要致力于基本思想理论和科学技术前沿的创新，努力为人类文明进步、国家发展和民族振兴作出杰出贡献。

第三，北大应当继续担负起引领中国高等教育的责任，带头推进综合改革，为完善中国特色现代大学制度作出重要探索，努力营造更加宽松和谐的学术和文化氛围，真正使北大成为世人向往和敬仰的学术殿堂，有更高的精神追求和道德境界，重塑大学的公信与尊严。

我们把以上这些使命，凝练为“守正创新、引领未来”。所谓“守正”，就是要遵循高等教育的发展规律，尊重和坚守大学的传统尤其是北京大学创办百余年来的光荣传统，正道而行、弘扬正气，重塑大学的公信与尊严；所谓“创新”，就是要始终保持“敢为天下先”的勇气和魄力，全面深化大学综合改革，始终挺立时代潮头。所谓“引领未来”，就是要主动融入国家发展的全局，突出自身的主动性与首创性，积极推动改造现实和开创未来。

当然，要完成这样的使命，还必须加快转变发展模式。近代以来，中国的现代科学和高等教育事业由于起步晚、底子薄，照着发达国家的样子来摸索自己的道路，发展模式一直未能摆脱“跟踪模仿”的定势。人家走了弯路，我们也跟着走了弯路，人家的那一套并不完全适应中国的情况，但我们也搬过来用了。今天的科学和教育事业，只有转变发展模式，大胆地、自信地走出自己的路子，才能实现跨越式发展，站到世界最前沿。鲁迅先生说：“北大是常为新的，改进的运动的先锋，要使中国向着好的，往上的道路走。”北京大学应以创新发展为方向指引，努力摆脱原来的以“跟踪模仿”为主的发展模式，实现大胆跨越、后来居上、前沿引领。

习近平总书记到北大考察时特别强调，要“办好中国的世界一流大学”“扎根中国大地办大学”。于北京大学而言，就是要在守正的基础上创新，在创新的过程中守正，服务、支撑和引领国家社会的未来发展，脚踏实地走出一条中国特色的世界一流大学创建道路。

蔡元培先生所提出的思想理念一直传承到现在的高等教育教学改革实践之中。美国哲学家杜威对蔡元培先生的评价是：“以一个校长身份，而能领导那所大学对一个民族、一个时代，起到转折作用的，除蔡元培而外，恐怕找不出第二个”。我们今天纪念蔡元培先生，是为了弘扬元培精神。今天的北大比起100年前，已经实现了巨大的进步；我们更加要铭记蔡先生的教诲，北大人要有志于为国家和民族的复兴、为“中国梦”的实现做出自己的贡献，真正把北大办成引领中国未来的伟大的大学。

蔡先生自身就是一本大书。如果我们要了解北大、理解北大精神的魅力，如果我们要了解大学、思考“何为大学，大学何为”的问题，都应该读读这本书。我希望广大学子通过读这本书，加强自己的人格修养。蔡先生一向把培养“完全人格”作为学校教育的目的，我也希望广大教育工作者来读读这本书，把蔡先生的思想作为当代大学教育守正创新、引领未来的基础和参照。

*为纪念蔡元培先生诞辰150周年，北京大学元培学院将蔡元培先生有关教育思想的43篇文稿结集出版为《大学教育》，谨以此书献给北京大学建校120周年！

# 目 录

## 北大改革篇

## 学生篇



## 教育理念篇

**文化篇**



**世界观篇**

**生平篇**

红楼正门

# 北大改革篇

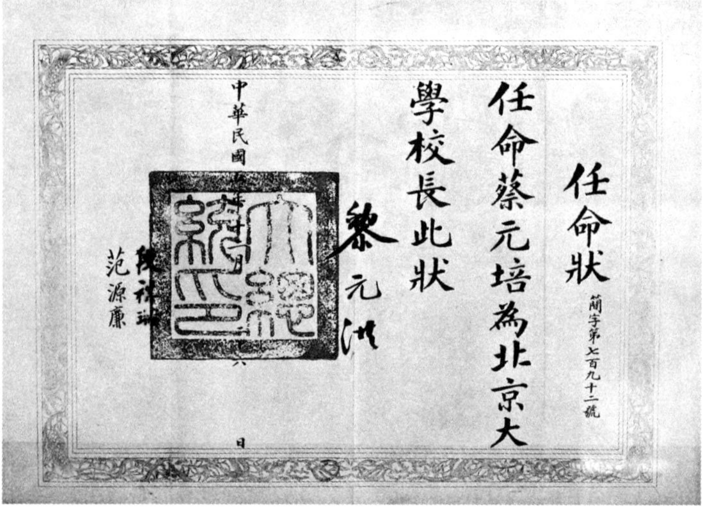
任命狀

簡字第七百九十二號

任命蔡元培為北京大學校長此狀

黎元洪

中華民國 年十 月 六 日

段祺瑞

范源廉

北京大学校长委任状

# 就任北京大学校长之演说

（1917年1月9日）

五年前，严几道先生为本校校长时，予方服务教育部，开学日曾有所贡献于同校。诸君多自预科毕业而来，想必闻知。士别三日，刮目相见，况时阅数载，诸君较昔当必为长足之进步矣。予今长斯校，请更以三事为诸君告。

**一曰抱定宗旨。** 诸君来此求学，必有一定宗旨，欲求宗旨之正大与否，必先知大学之性质。今人肄业专门学校，学成任事，此固势所必然。而在大学则不然，大学者，研究高深学问者也。外人每指摘本校之腐败，以求学于此者，皆有做官发财思想，故毕业预科者，多入法科，入文科者甚少，入理科者尤少，盖以法科为干禄之终南捷径也。因做官心热，对于教员，则不问其学问之浅深，惟问其官阶之大小。官阶大者，特别欢迎，盖为将来毕业有人提携也。现在我国精于政法者，多入政界，专任教授者甚少，故聘任教员，不得不聘请兼职之人，亦属不得已之举。究之外人指摘之当否，姑不具论。然弭谤莫如自修，人讥我腐败，而我不腐败，问心无愧，于我何损？果欲达其做官发财之目的，则北京不少专门学校，入法科者尽可肄业法律学堂，入商科者亦可投考商业学校，又何必来此大学？所以诸君须抱定宗旨，为求学而来。入法科者，非为做官；入商科者，非为致富。宗旨既定，自趋正轨。诸君肄业于此，或三年，或四年，时间不为不多，苟能爱惜光阴，孜孜求学，则其造诣，容有底止。若徒志在做官发财，宗旨既乖，趋向自异。平时则放荡冶游，考试则熟读讲义，不问学问之有无，惟争分数之多寡；试验既终，书籍束之高阁，毫不过问，敷衍三四年，潦草塞责，文凭到手，即可借此活动于社会，岂非与求学初衷大相背驰乎？光阴虚过，学问毫无，是自误也。且辛亥之役，吾人所以革命，因清廷官吏之腐败。即在今日，吾人对于当轴多不满意，亦以其道德沦丧。今诸君苟不于此时植其基，勤其学，则将来万一生计所迫，出而任事，担任讲席，则必贻误学生；置身政界，则必贻误国家。是误人也。误己误人，又岂本心所愿乎？故宗旨不可以不正大。此余所希望于诸君者一也。

**二曰砥砺德行。** 方今风俗日偷，道德沦丧，北京社会，尤为恶劣，败德毁行之事，触目皆是，非根基深固，鲜不为流俗所染。诸君肄业大学，当能束身自爱。然国家之兴替，视风俗之厚薄。流俗如此，前途何堪设想。故必有卓绝之士，以身作则，力矫颓俗。诸君为大学学生，地位甚高，肩此重任，责无旁贷，故诸君不惟思所以感已，更必有以励人。苟德之不修，学之不讲，同乎流俗，合乎污世，己且为人轻侮，更何足以感人？然诸君终日伏首案前，芸芸攻苦，毫无娱乐之事，必感身体上之苦痛。为诸君计，莫如以正当之娱乐，易不正当之娱乐，庶于道德无亏，而于身体有益。诸君入分科时，曾填写愿书，遵守本校规则，苟中道而违之，岂非与原始之意相反乎？故品行不可以不谨严。此余所希望于诸君者二也。

**三曰敬爱师友。** 教员之教授，职员之任务，皆以图诸君求学之便利，诸君能无动于衷乎？至于同学，共处一堂，尤应互相亲爱，庶可收切磋之效。余见欧人购物者，每至店肆，店主殷勤款待，付价接物，互相称谢。薄物细故，犹恳挚如此，况学术传习之大端乎？对于师友之敬爱，此余所希望于诸君者三也。

余到校任事仅数日，校事多未详悉，兹所计划者二事：

一曰改良讲义。诸君研究高深学问，自与中学、高等不同，不惟恃教员讲授，尤赖一己潜修。以后所印讲义，只列纲要，其详细节目，由教师口授，后学者自行笔记，并随时参考，以期学有心得，能裨实用。

二曰添购书籍。本校图书馆书籍虽多，新出者甚少，刻拟筹集款项，多购新书，以备教员与学生之参考。今日所与诸君陈说者只此，以后会晤日长，随时再为商榷可也。

（据1920年新潮社编《蔡子民先生言行录》，并参阅1917年4月《东方杂志》第14卷第4号）

# 国立北京大学校旗图说

（1920年10月）

各国的国旗，虽然也有采用天象、动物、王冠等等图案，但是用色彩作符号的占多数。法国三色旗，说是自由、平等、博爱三大主义的符号，是最彰明较著的。我国国旗用五色，说是表示五族共和，也是这一类。我们现在所定的校旗，右边是横列的红、蓝、黄三色，左边是纵列的白色，又于白色中间缀黑色的北大两篆文，并环一黑圈。这是借作科学、哲学、玄学的符号。

我们都知道，各种色彩，都可用日光七色中几色化成的。我们又都知道，日光中七色，又可用三种主要色化成的。现在通行三色印刷术，就是应用这个原理。科学界的关系，也是如是。世界事物，虽然复杂，总可以用科学说明他们；科学的名目，虽然也很复杂，总可以用三类包举他们。那三类呢？第一，是现象的科学，如物理、化学等等。第二，是发生的科学，如历史学、生物进化学等等。第三，是系统的科学，如植物、动物、生理学等等。我们现在用红、蓝、黄三色，作这三类科学的符号。

我们都知道，白是七色的总和，自然也就是三色的总和了。我们又都知道，有一种哲学，把种种自然科学的公例贯串起来，演成普遍的原理，叫作自然哲学。我们又都知道，有几派哲学，把自然科学的原理，应用到精神科学，又把各方面的原理统统贯串起来，如英国斯宾塞尔氏的综合哲学，法国孔德氏的实证哲学，就是。这种哲学，可以算是科学的总和。我们现在用总和七色的白来表示他。

但是人类求知的欲望，决不能以综合哲学与实证哲学为满足，必要侵入玄学的范围。但看法国当实证哲学盛行以后，还有别格逊的玄学，很受欢迎，就可算最显的例证了。玄学的对象，叔本华叫他作"没有理解的意志"，斯宾塞尔叫他作"不可知"，哈特曼叫他作"无意识"。道家叫作"玄"；释家叫作"涅槃"。总之，不能用科学的概念证明，全要用玄学的直觉照到的，就是了。所以我们用没有颜色的黑来代表他。

大学是包容各种学问的机关，我们固然要研究各种科学；但不能就此满足，所以研究融贯科学的哲学；但也不能就此满

国立北京大学校旗

足，所以又研究根据科学而又超绝科学的玄学。科学的范围最广，哲学是窄一点儿，玄学更窄一点儿。就分门研究说，研究科学的人最多，其次哲学，其次玄学。就一人经历说，研究科学的时间最多，其次哲学，其次玄学。所以校旗上面，红、蓝、黄三色所占的面积最大，白次之，黑再次之。

这就是国立北京大学校旗所以用这几种色，而这几种色所占面积又不相同的缘故。

（据1920年新潮社编《蔡孑民先生言行录》）

# 大学改制之事实及理由[1]

（1917年1月）

窃查欧洲各国高等教育之编制，以德意志为最善。其法科、医科既设于大学，故高等学校中无之。理工科、商科、农科，既有高等专门学校，则不复为大学之一科。而专门学校之毕业生，更为学理之研究者，所得学位，与大学毕业生同。普通之大学学生会，常合高等学校之生徒而组织之。是德之高等专门学校，实即增设之分科大学，特不欲破大学四科之旧例，故别列一门而已。我国高等教育之制，规仿日本，既设法、医、农、工、商各科于大学，而又别设此诸科之高等专门学校，虽程度稍别浅深，而科目无多差别。同时并立，义近骈赘。且两种学校之毕业生，服务社会，恒有互相龃龉之点。殷

① “大学改制之议”发端于1917年1月27日的国立高等学校校务讨论会，本文是蔡校长会上提出的议案。

鉴不远，即在日本。特我国此制行之未久，其弊尚未著耳。今改图尚无何等困难，爰参合现代之大学及高等专门学校制而改编大学制如下。

**（一）大学专设文、理二科。其法、医、农、工、商五科，别为独立之大学。其名为法科大学、医科大学等。**

其理由有二：文理二科，专属学理；其他各科，偏重致用，一也。文理二科，有研究所、实验室、图书馆、植物园、动物院等种种之设备，合为一区，已非容易。若遍设各科，而又加以医科之病院、工科之工场、农科之试验场等，则范围过大，不能各择适宜之地点，一也。

**（二）大学均分为三级：1.预科一年，2.本科三年，3.研究科二年，凡六年。**

以上所述经北京高等师范学校陈校长、北京法政专门学校吴校长、北京医学专门学校汤校长、北京农业专门学校洪校长一致赞同，即于同月三十日由各校长公呈教育部请核准。二月二十三日教育部开会议，列席者总次长、参事、专门司司长、北洋大学校长，及具呈各校长。第一条无异议。于第二条，则多以预科一年之期为太短，又有以研究科之名为不必设者。乃再付校务讨论会复议。二月五日校务讨论会开会议决：大学均分为二级，预科二年，本科四年，凡六年。复于三月五日在教育部会议一次，无异议，乃由教育部于三月十四日发指令曰："改编大学制年限办法，经本部迭次开会讨论，应定为预科二年，本科四年"云云。此改制案成立之历史也。

如上所述，则农工医等专门学校，均当为改组大学之准备。而设备既需经费，教员尚待养成，非再历数年不能进行。而北京大学则适有改革之机会，于是由评议会议决而实行者如下。

**（一）文理两科之扩张** 大学号有五科，而每科所设，少者或止一门，多者亦不过三门。欲以有限之经费，博多科之体面，其流弊必至如此。今既以文理为主要，则自然以扩张此两科，使渐臻完备，为第一义。然为经费所限，暑假后仅能每科增设一门，即史学门及地质学门是也。

**（二）法科独立之预备** 北京大学各科以法科为较完备，学生人数亦最多，具有独立的法科大学之资格。惟现在尚为新旧章并行之时，独立之预算案，尚未有机会可以提出，故暂从缓议，惟于暑假后先移设于预科校舍，以为独立之试验。

**（三）商科之归并** 商科依部令宜设银行、保险等专门，而北京大学现有之商科，则不设专门，而授普通商业，实不足以副商科之名，而又无扩张之经费。故于五月十五日呈请教育部，略谓："本校自本学年始设商科，因经费不敷，不能按部定规程分设银行学、保险学等门，而讲授普通商业学、颇有名实不副之失。现值各科改组之期，拟仿美日等国大学法科兼设商业学之例，即以现有商科改为商业学，而隶于法科。俟钧部筹有的款创立商科大学时，再将法科之商业专门定期截止”云云。旋即二十三日奉教育部指令曰：“该校请将现有商科改为商业学门，隶于法科一节，尚属可行，应即照准”云云。

**（四）工科之截止**　北京大学之工科，仅设土木工门及采矿冶金门。北洋大学亦国立大学也，设在天津，去北京甚近，其工科所设之门，与北京大学同，且皆用英语教授，设备仪器，延聘教员，彼此重复，而受教之学生，合两校之工科计之，不及千人，纳之一校，犹病其寡，徒糜国家之款，以为增设他门之障碍而已。故与教育部及北洋大学商议，以本校预科毕业生之愿入工科者，送入北洋大学，而本校则俟已有之工科两班毕业后，即停办工科。（其北洋大学之法科，亦以毕业之预科生送入本校法科，俟其原有之法科生毕业后，即停办法科，而以其费供扩张工科之用。）

**（五）预科之改革**　大学预科由旧制之高等学堂嬗蜕而来。所以停办高等学堂，而于大学中自设预科者，因各省所立高等学堂程度不齐，咨送大学后，种种困难也。不意以五年来经验，预科一部、二部等编制及年限，亦尚未尽善。举一部为例，既兼为文法商三科预备，于是文科所必须预备，而为法商科所不必设者，或法商科所必须预备，而为文科所不必设者，不得不一切课之。多费学生之时间及心力于非要之课，而重要之课，反为所妨。此一弊也。预科既不直隶各科，含有半独立性质；一切课程，并不与本科衔接，而与本科竞胜：取本科第一年应授之课，而于预科之第三年授之，使学生入本科后，以第一年之课程为无聊，遂挫折其对于学问上之兴趣。且以六年之久，而所受之课，实不过五年有奇，宁不可惜。此二弊也。此亦促进大学改制之一原因。改制以后，预科既减为二年，而又分隶于各科，则前举二弊可去。或有以外国语程度太低为言者，不知新章预科，止用一种外国语，即中学所已习者。习外国语积六年之久，而尚不能读参考书，有是理乎？

大学改制，有种种不得已之原因，如上所述，惟未经宣布。又新旧两章，同时并行，易滋回惑。故外间颇多误会，如前数日《北京日报》之法律、冶金并入北洋大学之说，其实毫无影响，又八月三日、四日之《晨钟报》揭载余以智君之《北京大学改制商榷》，其对于本校之热诚，深可感佩，惟所举事实，均有传闻之误。即如引蔡元培氏之言，谓“文科一科，可以包法商等科而言也，理科一科，可以包医工等科而言也”。

询之蔡君，并不如是。蔡君不过谓法商各科之学理，必原于文科；医、农、工各科之学理，必原于理科耳。若如余君所引之言，则蔡君第主张设文理二科足矣，何必再为法、医、农、工、商各为独立大学之提议乎？其他类此者尚多，故述大学改制之事实及理由，以告研究大学制者。如承据此等正确之事实，而加以针砭，则固本校同人之所欢迎也。

八月五日　北京大学启

（据1917年8月1日《新青年》第3卷第6号）

# 北京大学新闻学研究会成立之演说

（1918年10月14日）

凡事皆有术而后有学。外国之新闻学，起于新闻发展以后。我国自有新闻以来，不过数十年，则至今日而始从事于新闻学，固无足怪。我国第一新闻，是为《申报》。盖以前虽有所谓邸抄若《京报》，是不过辑录成文，非如新闻之有采访、有评论也。故言新闻自《申报》始。《申报》为西人所创设，实以外国之新闻为模范。其后乃有《沪报》《新闻报》等。戊戌以后，始有《中外日报》《时报》《苏报》等。十五年前，鄙人在爱国学社办事时，与《苏报》颇有关系。其后亦尝从事于《俄事警闻》《警钟日报》等。其时于新闻术实毫无所研究，不过藉此以鼓吹一种主义耳。即其他《新闻报》《申报》等，虽专营新闻业，而其规模亦尚小。民国元年以后，新闻骤增，仅北京一隅，闻有八十余种。自然淘汰之结果，其能持续至今者，较十余年前之规模大不同矣。惟其发展之道，全恃经验，如旧官僚之办事然。苟不济之以学理，则进步殆亦有限。此吾人所以提出新闻学之意也。

新闻之内容，几与各种科学无不相关。外国新闻，多有特辟科学、美术、音乐、戏曲等栏者，固非专家不能下笔。即普通纪事，如旅行、探险、营业、犯罪、政闻、战报等，无不与地理、历史、经济、法律、政治、社会等学有关。而采访编辑之务，尤与心理学有密切之关系。至于记述辩论，则论理学及文学亦所兼资者也。根据是等科学，而应用于新闻界特别之经验，是以有新闻学。欧美各国，科学发达，新闻界之经验又丰富，故新闻学早已成立。而我国则尚为斯学萌芽之期，不能不仿《申报》之例，先介绍欧美新闻学。是为吾人第一目的。我国社会，与外国社会有特别不同之点。因而我国新闻界之经验，亦与外国有特别不同之点。吾人本特别之经验而归纳之，以印证学理，或可使新闻学有特别之发展。是为吾人第二目的，想到会诸君均所赞成也。

抑鄙人对于我国新闻界尚有一种特别之感想。乘今日集会之机会，报告于诸君，即新闻中常有猥亵之纪闻若广告是也。闻英国新闻，虽治疗霉毒之广告，亦所绝无。其他各国，虽疾病之名词，无所谓忌讳，而春药之揭贴，冶游之指南，则绝对无之。新闻自有品格也。吾国新闻，于正张中无不提倡道德；而广告中，则诲淫之药品与小说，触目皆是；或且附印小报，特辟花国新闻等栏；且广收妓寮之广告。此不特新闻家自毁其品格，而其贻害于社会之罪，尤不可恕。诸君既研究新闻学，必皆与新闻界有直接或间接之关系，幸有以纠正之。

（据1918年10月16日《北京大学日刊》）

# 在北京大学画法研究会致辞

（1918年10月22日）

今日为画法研究会第二次始业式，人数视前增加，是极好的现象。此后对于习画，余有二种希望，即多作实物的写生，及持之以恒二者是也。

中国画与西洋画，其入手方法不同。中国画始自临模，外国画始自写实。《芥子园画谱》，逐步分析，乃示人以临模之阶。此其故，与文学、哲学、道德有同样之关系。吾国人重文学，文学起初之造句，必倚傍前人，入后方可变化，不必拘拟。吾国人重哲学，哲学亦因历史之关系，其初以前贤之思想为思想，往往为其成见所囿，日后渐次发展，始于已有之思想，加入特别感触，方成新思想。吾国人重道德，而道德自模范人物入手。三者如是，美术上遂亦不能独异。西洋则自然科学昌明，培根曰：人不必读有字书，当读自然书。希腊哲学家言物类原始，皆托于自然科学。亚里斯多德随亚力山大王东征，即留心博物学。德国著名文学家鞠台喜研究动植物，发见植物千变万殊，皆从叶发生。西人之重视自然科学如此，故美术亦从描写实物入手。今世为东西文化融和时代。西洋之所长，吾国自当采用。抑有人谓西洋昔时已采用中国画法者，意大利文学复古时代，人物画后加以山水，识者谓之中国派；即法国路易十世时，有罗科科派，金碧辉煌，说者谓参用我国画法。又法国画家有摩耐者，其名画写白黑二人，惟取二色映带，他画亦多此类，近于吾国画派。彼西方美术家，能采用我人之长，我人独不能采用西人之长乎？故甚望学中国画者，亦须采西洋画布景实写之佳，描写石膏物象及田野风景，今后诸君均宜注意。此予之希望者一也。

又昔人学画，非文人名士任意涂写，即工匠技师刻画模仿。今吾辈学画，当用研究科学之方法贯注之。除去名士派毫不经心之习，革除工匠派拘守成见之讥，用科学方法以入美术。美虽由于天才，术则必资练习。故入会后当认定主意，誓以终身不舍。兴到即来，时过情迁，皆当痛戒。诸君持之以恒，始不负自己入斯会之本意。此予之希望者二也。

除此以外，余欲报告者三事：（一）花卉画导师陈师曾先生辞职，本会今后拟别请导师，俟决定后再行发表。（二）画会会所急求扩充，俟觅得相当地点，再行迁徙，与各会联络一起。（三）上学年所拟向收藏家借画办法，本年拟实行，拟请冯汉叔先生筹之。

（据1918年10月25日《北京大学日刊》）

## 《北京大学月刊》发刊词

（1918年11月10日）

北京大学之设立，既二十年于兹，向者自规程而外，别无何等印刷品流布于人间。自去年有《日刊》，而全校同人始有联络感情、交换意见之机关，且亦藉以报告吾校现状于全国教育界。顾《日刊》篇幅无多，且半为本校通告所占，不能载长篇学说，于是有《月刊》之计划。

以吾校设备之不完全，教员之忙于授课，而且或于授课以外兼任别种机关之职务，则夫《月刊》取材之难，可以想见。然而吾校必发行《月刊》者，有三要点焉：

**一曰尽吾校同人力所能尽之责任。** 所谓大学者，非仅为多数学生按时授课，造成一毕业生资格而已也，实以是为共同研究学术之机关。研究也者，非徒输入欧化，而必于欧化之中为更进之发明；非徒保存国粹，而必以科学方法，揭国粹之真相。虽曰吾校实验室、图书馆等缺略不具，而外界学会、工场之属，无可取资，求有所新发明，其难固倍蓰于欧美学者。然十六七世纪以前，欧洲学者，其所凭藉，有以逾于吾人乎？即吾国周秦学者，其所凭藉，有以逾于吾人乎？苟吾人不以此自馁，利用此简单之设备，短少之时间，以从事于研究，要必有几许之新义，可以贡献于吾国之学者，若世界之学者。使无月刊以发表之，则将并此少许之贡献而靳而不与，吾人之愧歉当何如耶？

**二曰破学生专己守残之陋见。** 吾国学子，承举子、文人之旧习，虽有少数高才生知以科学为单纯之目的，而大多数或以学校为科举，但能教室听讲，年考及格，有取得毕业证书之资格，则他无所求；或以学校为书院，媛媛〔暖暖〕姝姝，守一先生之言，而排斥其他。于是治文学者，恒蔑视科学，而不知近世文学，全以科学为基础；治一国文学者，恒不肯兼涉他国，不知文学之进步，亦有资于比较；治自然科学者，局守一门，而不肯稍涉哲学，而不知哲学即科学之归宿，其中如《自然哲学》一部，尤为科学家所需要；治哲学者，以能读古书为足用，不耐烦于科学之实验，而不知哲学之基础不外科学，即最超然之玄学，亦不能与科学全无关系。有《月刊》以网罗各方面之学说，庶学者读之，而于专精之余，旁涉种种有关系之学理，庶有以祛其褊狭之意见，而且对于同校之教员及学生，皆有交换知识之机会，而不至于隔阂矣。

**三曰释校外学者之怀疑。** 大学者，囊括大典，网罗众家之学府也。《礼记·中庸》曰："万物并育而不相害，道并行而不相悖。"足以形容之。如人身然，官体之有左右也，呼吸之有出入也，骨肉之有刚柔也，若相反而实相成。各国大学，哲学之唯心论与唯物论，文学、美术之理想派与写实派，计学之干涉论与放任论，伦理学之动机论与功利论，宇宙论之乐天观与厌世观，常樊然并峙于其中，此思想自由之通则，而大学之所以为大也。吾国承数千年学术专制之积习，常好以见闻所及，持一孔之论。闻吾校有近世文学一科，兼治宋元以后之小说、曲本，则以为排斥旧文学，而不知周秦两汉文学，六朝文学，唐宋文学，其讲座固在也；闻吾校之伦理学用欧美学说，则以为废弃国粹，而不知哲学门中，于周秦诸子，宋元道学，固亦为专精之研究也；闻吾校延聘讲师，讲佛学相宗，则以为提倡佛教，而不知此不过印度哲学之一支，藉以资心理学、论理学之印证，而初无与于宗教，并不破思想自由之原则也。论者知其一而不知其二，则深以为怪。今有《月刊》以宣布各方面之意见，则校外读者，当亦能知吾校兼容并收之主义，而不至以一道同风之旧见相绳矣。

以上三者，皆吾校所以发行《月刊》之本意也。至《月刊》之内容，是否能副此希望，则在吾校同人之自勉，而静俟读者之批判而已。

（据1919年1月《北京大学月刊》第1卷第1号）

# 北京大学一九二二年开学日演说词

（1922年10月2日）

今天是本校第二十五年开学日。本校的宗旨，每年开学时候总说一遍，就是“为学问而求学问”。这个宗旨的说明，旧学生当然屡次听过，新学生也许在印刷品上看到，不用多讲了。现在我把学校给学生研究学问的机会略说一说。

研究学问，要有基础。预科就是确定基础的时代。我们为改良预科起见，特组织一个预科委员会。不但课程有点改变，就是管理上也特别注意；把宿舍划出一部分让给新生，给他们便于自修自治。本校没有力量建筑广大的宿舍，使全体学生都住在宿舍里，实是一件憾事。但本年已添设了第四宿舍，并为女生设一宿舍，其余只可逐渐设法了。

为研究学问计，最要的是实验室。在这经济最困难的时候，我们勉强腾出几万元，增设物理、化学、地质各系的仪器标本，并修理实验室、陈列室，现在第二院已有与前不同之状。

为研究学问计，最普遍的是图书馆。近年虽陆续增购新书，但为数尚属有限；虽有建筑适宜图书馆的计画，而至今尚不能实现。美洲各处的北大同学会，募捐甚力，时有报告，载诸《日刊》。若在国内同样进行，必有成功的一日。

年来大家对于体育都很注意。不过由学生自组的体育会，成绩还不很昭著。从今年上半年起，渐改由学校组织。现分为学生军与体操两部。学生军一部，已请富有军事智识的蒋百里先生担任导师；体操一部拟请由美洲新回来之周思忠先生担任。无论那系学生，此两部中必须认定一部，作为必修的工课；均需用心练习，不能敷衍了事。

科学的研究，固是本校的主旨；而美术的陶养，也是不可少的。本校原有书法、画法、音乐等研究会，但因过于放任，成绩还不很好。今年改由学校组织，分作两部：一、音乐传习所，请萧友梅先生主持。二、造形美术研究会。拟请钱稻孙先生主持。除规定课程外，每星期要有一次音乐演奏会与美术展览会，以引起同学审美的兴味。

为毕业生再求进步计，更设研究所。现在已设立者为国学门，一年以来，校勘《太平御览》，已将竣。把历史博物馆所藏的清代内阁档案，渐渐整理出来。其较有价值的，已在《日刊》宣布。又承罗叔蕴、王静庵两先生允任导师。对于古物学，将积极进行，保存搜集，都是现在必要的任务。至于自然科学、社会科学、文学等三种研究所，我们也要预备起来。

至于研究学问，当然要有专门教员的指导。本校又新聘教员几位，当为诸生介绍。又适值本校名誉博士芮恩施先生来京，本日允到校演说，尤是同人所欢迎的。

（据1922年10月6日《北京大学日刊》）

# 在爱丁堡中国学生会及学术研究会欢迎会演说词

（1921年5月12日）

今日与诸君聚会，甚为欢乐，更感激诸君厚意。此次出来的时候，本想在英国多住几天，因为英国教育与别国不同，苏格兰与英格兰又不同。爱丁堡风景著名，大学校更著名，地方清静，气候温和，旅费比较的节省，所以中国留学生在此处很多。从前吾在德国时，就知道此地有学生会，似名苏学会，曾见过两次的会报，是用胶板印的。大约在清季，或民国初年间。今日来此，仍有学生会，更有学术研究会。风景既佳，学校又好，大家联合起来，安心求学，比较在伦敦、柏林、巴黎更佳。所以吾在仓促间，必要到此一游。但是今日又须到丹麦，不能久住。且喜得与诸君聚会，又看过大学校、美术专门、博物馆、古堡、旧皇宫等地，更蒙诸君郑重的招待，何等欣幸！兹奉临别数语，望大家注意。

今日会中有学术研究会，学与术可分为二个名词，学为学理，术为应用。各国大学中所有科目，如工商，如法律，如医学，非但研求学理，并且讲求适用，都是术。纯粹的科学与哲学，就是学。学必借术以应用，术必以学为基本，两者并进始可。中国羡慕外人的，第一次是见其枪炮，就知道他的枪炮比吾们的好。以后又见其器物，知道他的工艺也好。又看外国医生能治病，知道他的医术也好。有人说：外国技术虽好，但是政治上止有霸道，不及中国仁政。后来才知道外国的宪法、行政法等，都比中国进步。于是要学他们的法学、政治学，但是疑他们道学很差。以后详细考查，又知道他们的哲学，亦很有研究的价值。他们的好处都知道了，于是出洋留学生，日多一日，各种学术都有人研究了。然而留学生中，专为回国后占地位谋金钱的也很多。所以学工业，预备作技师。学法律，预备作法官，或当律师。学医学，预备行医。只从狭义做去，不问深的理由。中国固然要有好的技师、医生、法官、律师等等，但要在中国养成许多好的技师、医生等，必须有熟练技能而又深通学理的人，回去经营，不是依样画葫芦的留学生做得到的。譬如吃饭的时候，问小儿饭从那里来的？最浅的答语是说出在饭桶里，进一步，说是出在锅子里，再进一步，说是出在谷仓里，必要知道探原到农田上，才是能造饭的，不是专吃现成饭的人了。求学亦然，要是但知练习技术，不去研究学术；或一国中，练习技术的人虽多，研究科学的人很少，那技术也是无源之水，不能会通改进，发展终属有限。所以希望留学诸君，不可忽视学理。

外人能进步如此的，在科学以外，更赖美术。人不能单纯工作，以致脑筋枯燥，与机器一样。运动、吃烟、饮酒、赌博，皆是活泼脑筋的方法，但不可偏重运动一途。烟酒、赌博，又系有害的消遣，吾们应当求高尚的消遣。西洋科学愈发达，美术也愈进步。有房屋更求美观，有雕刻更求精细。一块美石不制桌面，而刻石像，一块坚木不作用器，而制玩物，究竟有何用意？有大学高等专门学校，更设美术学校、音乐学校等，既有文法书，更要文学。所建设的美术馆、博物馆，费多少金钱，收买物品，雇人管理，外人岂愚？实则别有用心。过劳则思游息，无高尚消遣则思烟酒、赌博，此系情之自然。所以提倡美术，既然人得以消遣，又可免去不正当的娱乐。

美术所以为高尚的消遣，就是能提起创造精神。从前功利论，以为人必先知有相当权利，而后肯尽义务。近来学者，多不以为然。罗素佩服老子“为而不有”一语。他的学说，重在减少占有的冲动，扩展创造的冲动，就是与功利论相反的。但这种减少与扩展的主义，可用科学证明。这种习惯，止有美术能养成他。因为美术一方面有超脱利害的性质，一方面有发展个性的自由。所以沉浸其中，能把占有的冲动逐渐减少，创造的冲动逐渐扩展。美术的效用，岂不很大么？中国美术早已卓著，不过好久没人注意，不能尽量发展。现在博物馆还未设立，岂不可惜。所以在外国的时候，既然有很好的机会，就当随处注意。不但课余可时往博物馆赏览，就是路旁校侧，处处都有美术的表现。不仅对于自己精神有利益，就是回国以后，对于提倡美术，也多有补助。若是此时失去机会，以后就懊悔也晚了。

我知道在爱丁堡的同学对于国内的政治是很注意的。中国现在的政治，可云坏极了，一切大权皆在督军掌握，督军并无何等智慧，不过相互为敌，借养兵之名，去攫金钱就是了。譬如说有一万兵的，其实不过数千，将这空饷运入私囊。仅为金钱之计，实无军队可言，更无威武可怕。惟真正民意，为力最大。凡所喜的，都可实现，凡所恶的，都可铲除。前清因失民意而亡，袁氏因失民意而殁。安福兵力很强，又有外人帮助，但因民意反对，终归溃败。现在人心又恨怨督军，都提倡“废督”。大概督军不久也必消灭。但是最重要问题：督军消灭后，又将何以处之？从前执政都想中央集权，实则中国之大，断没有少数人能集权而治的。现在极要的，是从“地方自治”入手。在各地方设高等教育机关，使人民多受教育，自然各方面事务都有适当的人来担任。希望诸君专心求学，学成可以效力于地方，这是救国最好的方法。目前国内政治问题，暂可不必分心。

我想诸君必又很注意于国内学生的情形。曾记得革命以前，在上海、天津、以至日本留学界，都有学生做革命的运动。民国成立以后，学生却没有什么重要的表示。前年“山东问题”发生，学生关心国家，代表社会，又活动起来。国人对于学生举动很注重，对于学生议论也很信仰，所以有好机会，为社会作事。不过“五四”以后，学生屡屡吃亏。中间经过痛苦太多。功课耽误，精神挫伤，几乎完全失败。因此学生发生两种觉悟出来：第一，受此番经验，自知学问究竟不足，于是运动出首的学生，或到外国求学，未出国的，也格外专心用功了。第二，经此番风潮，社会对于学生，都加一番重视。学生自身，也知人格可贵，就大家不肯作贬损人格的事情。所以对于中国学生将来，实有莫大的希望。

再者，诸君在国外有数十同国的学生，时相晤聚，甚为难得。无论所学科目不同，所居地位不同，或所操言语不同，要之大家须彼此爱护。有从国外来，不能说国语的，国内来的同学，可以帮助他们。互相亲爱，互相原谅。这也是很祷祝的一件事。

（于世秀记）

（据1921年8月10日《北京大学日刊》）

# 在北京大学平民夜校开学日的演说

（1920年1月18日）

今日为北京大学学生会平民夜校开学日，此事不惟关系重大，也是北京大学准许平民进去的第一日。从前这个地方，是不许旁人进去的；现在这个地方，人人都可以进去。从前马神庙北京大学挂着一块牌，写著“学堂重地，闲人免入”，以为全国最高的学府，只有大学学生同教员可以进去，旁人都是不能进去的。这种思想，在北京大学附近的人，尤其如此。现在这块牌已竟取去了。

北京大学第一步的改变，便是校役夜班之开办。于是二十多年的京师大学堂里面，听差的也可以求学。从前京师大学堂里面的听差，不过赚几个钱，喊几声大人老爷；现在北京大学替听差的开个校役夜班，他们晚上不当差的时候，也可以随便的求点学问。于是大学中无论何人，都有了受教育的权利。不过单是大学中人有受教育的权利，还不够，还要全国人都能享受这种权利才好。所以先从一部分做起，开办这个平民夜校。

“平民”的意思是“人人都是平等的”。从前只有大学生可受大学的教育，旁人都不能够，这便算不得平等。现在大学生分其权利，开办这个平民夜校，于是平民也能到大学去受教育了。大学生为什么要办这个平民夜校呢？因为他们自己已经有了学问，看见旁的兄弟还没有学问，自己心中很难过。好像自己饱了，看见许多的兄弟姊妹都还饿着，自己心中就很难过一样。“一个人不但愁着肚子饿，而且怕脑子饿。”大学生看见许多弟弟妹妹的肚子饿，固然难过，他们看见你们的脑子饿，也是很难过的。因为人没有学问，不认识字，是很苦的一件事，甚至有写封信还要请人去写。要是自己会写，还受这种苦吗？我们有手而不能用，有目而不能见，我们心中一定很难过；我们的脑子饿了，看个电影也不能懂得，又何尝不是一样的苦呢？譬如大学生从小学到中学，现在又到大学，仿佛已经吃的很多。要是看见旁人没有学问，没有知识，常常受“脑饿”的痛苦，他们自己一定很难过，很不爽快——因为不平，所以愿为大家尽力，开办这个平民夜校。大学生一方面既有这种好意思，住在大学附近的人家，也把他的子弟送去求学，现在竟有四百多人，仿佛肚子饿了要去求食一样。这种意思，实在好极，也算不负了办平民夜校的热心。

办平民夜校的，固然要热心；我对于夜校的学生同家长，还有两层希望：

一、教职员既然拿出全副的精神教我们，我们进去一两天后，觉得没有什么新奇，于是就不去了。要是这样，仿佛也对不起教员的一番热心。

二、住在大学附近的，才有这种特别权利，那些住得较远的，不能享着这种权利的，你们应该觉得很难过，把你们所已知的传达给他们——你们的亲戚或朋友——使他们的子弟也入他们附近的平民夜校去求学。

这都是很要紧的。这也是我所望于办平民夜校的，与你们的。

（据1920年1月24日《北京大学日刊》）

# 北京大学民国十四年哲学系级友会纪念刊题词
（1925年）

知之为知之，不知为不知，是知也。

哲学在我国古书本名为道学。今日哲学者，希腊语斐罗梭斐之译文。其原义为爱智。故哲学家不忌怀疑而忌武断，不妨有所不知，而切不可强不知以为知。愿以孔子之言，与哲学系诸同学共勉之。因题诸民国十四年哲学系级友会纪念刊。

蔡元培

（据影印手迹）

## 《北京大学卅一周年纪念刊》序

（1929年11月20日）

北京大学，到现在有三十一年的历史了。这三十一年内，名称改了几次；内容与外延的广狭，改了几次；学风改了几次。到了第三十一年，在党治之下，值教育部新改大学条例，又值北大的名称与关系屡次改变，而终于恢复。自此以后，又将有一时期可以专心致志于按部就班的进展，而不致轻易摇动。但我以为北大同人，若要维持不易动摇的状态，至少应注意两点：

**（一）要去尽虚荣心，而发起自信心** 有一部分的人，好引过去的历史北大的光荣，尤以五四一役为口头禅；不知北大过去中差强人意之举，半由于人才之集中，半亦由于地位之特别。盖当时首都仅有此惟一之国立大学，故于不知不觉中当艰难之冲，而隐隐然取得领袖之资格，而所谓贪天功以为己力之嫌疑，亦即由此而起。今则首都既已南迁。一市之中，大学林立，一国之中，大学更林立。北大不过许多大学中的一校，决不宜狃于已往的光荣，妄自尊大。要有日进无疆的自信心，不凭借何等地位，而自能崭然露头角。

**（二）要以学术为惟一之目的，而不要想包办一切** 从前，在腐败政府之下，服务社会者又不可多得，自命为知识阶级的大学，不得不事事引为己任。若就求学的目的说起来，牺牲未免太多，然在责无旁贷的时期，即亦无可如何。今则政府均属同志，勉为其难；宣传党义、运动民众等事，又已有党部负了专责。我们正好乘党政重任尚未加肩的时候，多做点预备的工夫，就是多做点学术上的预备。若此刻早已分心他事，荒弃学业，他日重任加身，始发不学无术的悔恨，就无及了。所以应守分工的例，不想包办一切，而专治学术。

若全校同人均能了解这两点，则北大的进步，将无限量。否则抱万能之愿，而无一得之擅，前途就可想而知。愿这次参与北大三十一周年纪念诸君，要深切的注意。

中华民国十八年十一月二十日

蔡元培

（据1929年《国立北京大学卅一周年纪念刊》）

## 我在北京大学的经历

（1934年1月1日）

北京大学的名称，是从民国元年起的。民元以前，名为京师大学堂，包有师范馆、仕学馆等，而译学馆亦为其一部。我在民元前六年，曾任译学馆教员，讲授国文及西洋史，是为我在北大服务之第一次。

民国元年，我长教育部，对于大学有特别注意的几点：一、大学设法、商等科的，必设文科；设医、农、工等科的，必设理科。二、大学应设大学院（即今研究院），为教授、留校的毕业生与高级学生研究的机关。三、暂定国立大学五所，于北京大学外，再筹办大学各一所于南京、汉口、四川、广州等处。（尔时想不到后来各省均有办大学的能力。）四、因各省的高等学堂，本仿日本制，为大学预备科，但程度不齐，于入大学时发生困难，乃废止高等学堂，于大学中设预科。（此点后来为胡适之先生等所非难，因各省既不设高等学堂，就没有一个荟萃较高学者的机关，文化不免落后；但自各省竞设大学后，就不必顾虑了。）

是年，政府任严幼陵君为北京大学校长。两年后，严君辞职，改任马相伯君。不久，马君又辞，改任何锡侯君，不久又辞，乃以工科学长胡次珊君代理。民国五年冬，我在法国，接教育部电，促回国，任北大校长。我回来，初到上海，友人中劝不必就职的颇多，说北大太腐败，进去了，若不能整顿，反于自己的声名有碍。这当然是出于爱我的意思。但也有少数的说，既然知道他腐败，更应进去整顿，就是失败，也算尽了心。这也是爱人以德的说法。我到底服从后说，进北京。

我到京后，先访医专校长汤尔和君，问北大情形。他说："文科预科的情形，可问沈尹默君；理工科的情形，可问夏浮筠君。"汤君又说："文科学长如未定，可请陈仲甫君。陈君现改名独秀，主编《新青年》杂志，确可为青年的指导者。"因取《新青年》十余本示我。我对于陈君，本来有一种不忘的印象，就是我与刘申叔君同在《警钟日报》服务时，刘君语我："有一种在芜湖发行之白话报，发起的若干人，都因困苦及危险而散去了，陈仲甫一个人又支持了好几个月。"现在听汤君的话，又翻阅了《新青年》，决意聘他。从汤君处探知陈君寓在前门外一旅馆，我即往访，与之订定。于是陈君来北大任文科学长，而夏君原任理科学长，沈君亦原任教授，一仍旧贯；乃相与商定整顿北大的办法，次第执行。

我们第一要改革的，是学生的观念。我在译学馆的时候，就知道北京学生的习惯。他们平日对于学问上并没有什么兴会，只要年限满后，可以得到一张毕业文凭。教员是自己不用功的，把第一次的讲义，照样印出来，按期分散给学生，在讲坛上读一遍，学生觉得没有趣味，或瞌睡，或看看杂书，下课时，把讲义带回去，堆在书架上。等到学期、学年或毕业的考试，教员认真的，学生就拼命的连夜阅读讲义，只要把考试对付过去，就永远不再去翻一翻了。要是教员通融一点，学生就先期要求教员告知他要出的题目，至少要求表示一个出题目的范围；教员为避免学生的怀恨与顾全自身的体面起见，往往把题目或范围告知他们了。于是他们不用功的习惯，得了一种保障了。尤其北京大学的学生，是从京师大学堂老爷式学生嬗继下来（初办时所收学生，都是京官，所以学生都被称为老爷，而监督及教员都被称为中堂或大人）。他们的目的，不但在毕业，而尤注重在毕业以后的出路。所以专门研究学术的教员，他们不见得欢迎。要是点名时认真一点，考试时严格一点，他们就借个话头反对他，虽罢课也所不惜。若是一位在政府有地位的人来兼课，虽时时请假，他们还是欢迎得很，因为毕业后可以有阔老师做靠山。这种科举时代遗留下来劣根性，是于求学上很有妨碍的。所以我到校后第一次演说，就说明："大学学生，当以研究学术为天职，不当以大学为升官发财之阶梯。"然而要打破这些习惯，止有从聘请积学而热心的教员着手。

那时候因《新青年》上文学革命的鼓吹，而我们认识留美的胡适之君，他回国后，即请到北大任教授。胡君真是"旧学邃密"而且"新知深沉"的一个人，所以一方面与沈尹默、兼士兄弟，钱玄同、马幼渔、刘半农诸君以新方法整理国故，一方面整理英文系。因胡君之介绍而请到的好教员，颇不少。

我素信学术上的派别是相对的，不是绝对的；所以每一种学科的教员，即使主张不同，若都是"言之成理、持之有故"的，就让他们并存，令学生有自由选择的余地。最明白的是胡适之君与钱玄同君等绝对的提倡白话文学，而刘申叔、黄季刚诸君仍极端维护文言的文学；那时候就让他们并存。我信为应用起见，白话文必要盛行，我也常常作白话文，也替白话文鼓吹；然而我也声明：作美术文，用白话也好，用文言也好。例如我们写字，为应用起见，自然要写行楷，若如江艮庭君的用篆隶写药方，当然不可；若是为人写斗方或屏联，作装饰品，即写篆隶章草，有何不可？

那时候各科都有几个外国教员，都是托中国驻外使馆或外国驻华使馆介绍的，学问未必都好，而来校既久，看了中国教员的阑珊，也跟了阑珊起来。我们斟酌了一番，辞退几人，都按着合同上的条件办的。有一法国教员要控告我，有一英国教习竟要求英国驻华公使朱尔典来同我谈判，我不答应。朱尔典出去后，说："蔡元培是不要再做校长的了。"我也一笑置之。

我从前在教育部时，为了各省高等学堂程度不齐，故改为各大学直接的预科。不意北大的预科，因历年校长的放任与预科学长的误会，竟演成独立的状态。那时候预科中受了教会学校的影响，完全偏重英语及体育两方面；其他科学比较的落后，毕业后若直升本科，发生困难。预科中竟自设了一个预科大学的名义，信笺上亦写此等字样。于是不能不加以改革，使预科直接受本科学长的管理，不再设预科学长。预科中主要的教课，均由本科教员兼任。

我没有本校与他校的界限，常为之通盘打算，求其合理化。是时北大设文、理、工、法、商五科，而北洋大学亦有工、法两科。北京又有一工业专门学校，都是国立的。我以为无此重复的必要，主张以北大的工科并入北洋，而北洋之法科，刻期停办。得北洋大学校长同意及教育部核准，把土木工与矿冶工并到北洋去了。把工科省下来的经费，用在理科上。我本来想把法科与法专并成一科，专授法律，但是没有成功。我觉得那时候的商科，毫无设备，仅有一种普通商业学教课，于是并入法科，使已有的学生毕业后停止。

我那时候有一个理想，以为文、理两科，是农、工、药、法、商等应用科学的基础，而这些应用科学的研究时期，仍然要归到文、理两科来。所以文、理两科，必须设各种的研究所；而此两科的教员与毕业生必有若干人是终身在研究所工作，兼任教员，而不愿往别种机关去的。所以完全的大学，当然各科并设，有互相关联的便利。若无此能力，则不妨有一大学专办文、理两科，名为本科；而其他应用各科，可办专科的高等学校，如德、法等国的成例，以表示学与术的区别。因为北大的校舍与经费，决没有兼办各种应用科学的可能，所以想把法律分出去，而编为本科大学；然没有达到目的。

那时候我又有一个理想，以为文、理是不能分科的。如文科的哲学，必植基于自然科学；而理科学者最后的假定，亦往往牵涉哲学。从前心理学附入哲学，而现在用实验法，应列入理科；教育学与美学，也渐用实验法，有同一趋势。地理学的人文方面，应属文科，而地质地文等方面属理科。历史学自有史以来，属文科，而推原于地质学的冰期与宇宙生成论，则属于理科。所以把北大的三科界限撤去而列为十四系，废学长，设系主任。

我素来不赞成董仲舒罢黜百家、独尊孔氏的主张。清代教育宗旨有“尊孔”一款，已于民元在教育部宣布教育方针时说他不合用了。到北大后，凡是主张文学革命的人，没有不同时主张思想自由的；因而为外间守旧者所反对。适有赵体孟君以编印明遗老刘应秋先生遗集，贻我一函，属约梁任公、章太炎、林琴南诸君品题。我为分别发函后，林君复函，列举彼对于北大怀疑诸点；我复一函，与他辩。这两函颇可窥见那时候两种不同的见解。

这两函虽仅为文化一方面之攻击与辩护，然北大已成为众矢之的，是无可疑了。越四十余日，而有五四运动。我对于学生运动，素有一种成见，以为学生在学校里面，应以求学为最大目的，不应有何等政治的组织。其有年在二十岁以上，对于政治有特殊兴趣者，可以个人资格参加政治团体，不必牵涉学校。所以民国七年夏间，北京各校学生，曾为外交问题，结队游行，向总统府请愿；当北大学生出发时，我曾力阻他们，他们一定要参与；我因此引咎辞职。经慰留而罢。到八年五月四日，学生又有不签字于巴黎和约与罢免亲日派曹、陆、章的主张，仍以结队游行为表示，我也就不去阻止他们了。他们因愤激的缘故，遂有焚曹汝霖住宅及攒殴章宗祥的事，学生被警厅逮捕者数十人，各校皆有，而北大学生居多数；我与各专门学校的校长向警厅力保，始释放。但被拘的虽已保释，而学生尚抱再接再厉的决心，政府亦且持不做不休的态度。都中喧传政府将明令免我职而以马其昶君任北大校长，我恐若因此增加学生对于政府的纠纷，我个人且将有运动学生保持地位的嫌疑，不可以不速去。乃一面呈政府，引咎辞职，一面秘密出京，时为五月九日。

那时候学生仍每日分队出去演讲，政府逐队逮捕，因人数太多，就把学生都监禁在北大第三院。北京学生受了这样大的压迫，于是引起全国学生的罢课，而且引起各大都会工商界的同情与公愤，将以罢工、罢市为同样之要求。政府知势不可侮，乃释放被逮诸生，决定不签和约，罢免曹、陆、章，于是五四运动之目的完全达到了。

五四运动之目的既达，北京各校的秩序均恢复，独北大因校长辞职问题，又起了多少纠纷。政府曾一度任命胡次珊君继任，而为学生所反对，不能到校；各方面都要我复职。我离校时本预定决不回去，不但为校务的困难，实因校务以外，常常有许多不相干的缠绕，度一种劳而无功的生活，所以启事上有“杀君马者道旁儿；民亦劳止，汔可小休；我欲小休矣”等语。但是隔了几个月，校中的纠纷，仍在非我回校不能解决的状态中，我不得已，乃允回校。回校以前，先发表一文，告北京大学学生及全国学生联合会，告以学生救国，重在专研学术，不可常为救国运动而牺牲。到校后，在全体学生欢迎会演说，说明德国大学学长、校长均每年一换，由教授会公举，校长且由神学、医学、法学、哲学四科之教授轮值，从未生过纠纷，完全是教授治校的成绩。北大此后亦当组成健全的教授会，使学校决不因校长一人的去留而起恐慌。

那时候蒋梦麟君已允来北大共事，请他通盘计画，设立教务、总务两处；及聘任、财务等委员会，均以教授为委员。请蒋君任总务长，而顾孟余君任教务长。

北大关于文学、哲学等学系，本来有若干基本教员，自从胡适之君到校后，声应气求，又引进了多数的同志，所以兴会较高一点。预定的自然科学、社会科学、文学、国学四种研究所，止有国学研究所先办起来了。在自然科学与社会科学方面，比较的困难一点。自民国九年起，自然科学诸系，请到了丁巽甫、颜任光、李润章诸君主持物理系，李仲揆君主持地质系。在化学系本有王抚五、陈聘丞、丁庶为诸君，而这时候又增聘程寰西、石蘅青诸君。在生物学系本已有钟宪鬯君在东南西南各省搜罗动植物标本，有李石曾君讲授学理，而这时候又增聘谭仲逵君。于是整理各系的实验室与图书室，使学生在教员指导之下，切实用功；改造第二院礼堂与庭园，使合于讲演之用。在社会科学方面，请到王雪艇、周鲠生、皮皓白诸君；一面诚意指导提起学生好学的精神，一面广购图书杂志，给学生以自由考索的工具。丁巽甫君以物理学教授兼预科主任，提高预科程度。于是北大始达到各系平均发展的境界。

我是素来主张男女平等的。九年，有女学生要求进校，以考期已过，姑录为旁听生。及暑假招考，就正式招收女生。有人问我："兼收女生是新法，为什么不先请教育部核准？"我说："教育部的大学令，并没有专收男生的规定；从前女生不来要求，所以没有女生；现在女生来要求，而程度又够得上，大学就没有拒绝的理。"这是男女同校的开始，后来各大学都兼收女生了。

我是佩服章实斋先生的。那时候国史馆附设在北大，我定了一个计划，分征集、纂辑两股；纂辑股又分通史、民国史两类；均从长编入手。并编历史辞典。聘屠敬山、张蔚西、薛阆仙、童亦韩、徐贻孙诸君分任征集编纂等务。后来政府忽又有国史馆独立一案，别行组织。于是张君所编的民国史，薛、童、徐诸君所编的辞典，均因篇帙无多，视同废纸；止有屠君在馆中仍编他的蒙兀儿史，躬自保存，没有散失。

我本来很注意于美育的，北大有美学及美术史教课，除中国美术史由叶浩吾君讲授外，没有人肯讲美学。十年，我讲了十余次，因足疾进医院停止。至于美育的设备，曾设书法研究会，请沈尹默、马叔平诸君主持。设画法研究会，请贺履之、汤定之诸君教授国画；比国楷次君教授油画。设音乐研究会，请萧友梅君主持。均听学生自由选习。

我在爱国学社时，曾断发而习兵操，对于北大学生之愿受军事训练的，常特别助成；曾集这些学生，编成学生军，聘白雄远君任教练之责，亦请蒋百里、黄膺白诸君到场演讲。白君勤恳而有恒，历十年如一日，实为难得的军人。

我在九年的冬季，曾往欧美考察高等教育状况，历一年回来。这期间的校长任务，是由总务长蒋君代理的。回国以后，看北京政府的情形，日坏一日，我处在与政府常有接触的地位，日想脱离。十一年冬，财政总长罗钧任君忽以金佛郎问题被逮，释放后，又因教育总长彭允彝君提议，重复收禁。我对于彭君此举，在公议上，认为是蹂躏人权献媚军阀的勾当；在私情上，罗君是我在北大的同事，而且于考察教育时为最密切的同伴，他的操守，为我所深信，我不免大抱不平，与汤尔和、邵飘萍、蒋梦麟诸君会商，均认有表示的必要。我于是一面递辞呈，一面离京。隔了几个月，贿选总统的布置，渐渐的实现；而要求我回校的代表，还是不绝，我遂于十二年七月间重往欧洲，表示决心；至十五年，始回国。那时候，京津间适有战争，不能回校一看。十六年，国民政府成立，我在大学院，试行大学区制，以北大划入北平大学区范围，于是我的北京大学校长的名义，始得取消。

综计我居北京大学校长的名义，十年有半；而实际在校办事，不过五年有半，一经回忆，不胜惭悚。

（据1934年1月1日《东方杂志》第31卷第1号）

# 学生篇

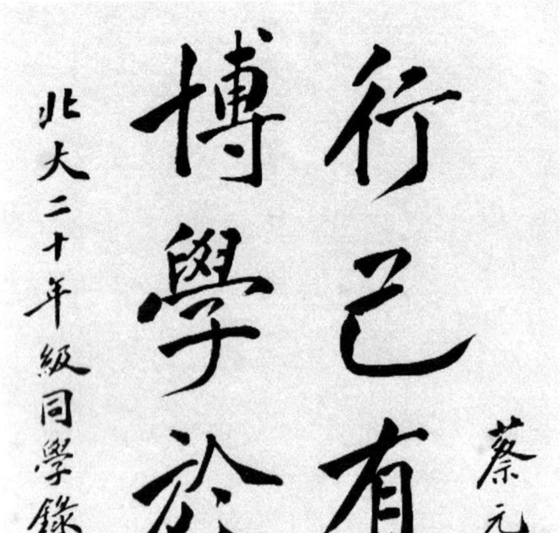


1931年为《北大二十年级同学录》题词

# 对于学生的希望

（1921年2月25日）

我于贵省学生界情形不甚熟悉，我所知者为北京学生界情形，各地想也大同小异。今天到此和诸君说话，便以所知之情形，加以推想，贡献诸君。

五四运动以来，全国学生界空气为之一变。许多新现象、新觉悟，都于五四以后发生，举其大者，共得四端。

## 一、自己尊重自己

吾国办学二十年，犹是从前的科举思想，熬上几个年头，得到文凭一纸，实是从前学生的普通目的。自己的成绩好不好，毕业后中用不中用，一概不问。平日荒嬉既多，一临考试，或抄袭课本，或打听题目，或请划范围，目的只图敷衍，骗到一张证书而已，全不打算自己要做一个什么样人，自己和人类社会有何关系。“五四”以前之学生情形，恐怕有大多数是这样的。

“五四”以后不同了。原来五四运动也是社会的各方面酝酿出来的。政治太腐败，社会太龌龊，学生天良未泯，便忍耐不住了。蓄之已久，迸发一朝，于是乎有五四运动。从前的社会很看不起学生，自有此运动，社会便重视学生了。学生亦顿然了解自己的责任，知道自己在人类社会占何种位置，因而觉得自身应该尊重，于现在及将来应如何打算，一变前此荒嬉暴弃的习惯，而发生一种向前进取、开拓自己运命的心。

## 二、化孤独为共同

“各人自扫门前雪，不管他人瓦上霜”，是中国古人的座右铭，也就是从前学生界的座右铭。从前的好学生，于自己以外，大半是一概不管，纯守一种独善其身的主义。五四运动而后，自己与社会发生了交涉，同学彼此间也常须互助，知道单是自己好，单是自己有学问有思想不行，如想做事真要成功，目的真要达到，非将学问思想推及于自己以外的人不可。于是同志之连络，平民之讲演，社会各方面之诱掖指导，均为最切要的事，化孤独的生活为共同的生活，实是“五四”以后学生界的一个新觉悟。

## 三、对自己学问能力的切实了解

从前学生，对于自己的学问有用无用，自己的能力那处是长、那处是短，简直不甚了解，不及自觉。“五四”以后，自己经过了种种困难，于组织上、协同上、应付上，以自己的学问和能力向新旧社会做了一番试验，顿然觉悟到自己学问不够，能力有限。于是一改从前滞钝昏沉的习惯，变为随时留心、遇事注意的习惯了，家庭啦，社会啦，国家啦，世界啦，都变为充实自己学问、发展自己能力的材料。这种新觉悟，也是“五四”以后才有的。

## 四、有计划的运动

从前的学生，大半是没有主义的，也没有什么运动。五四以后，又经过各种失败，乃知集合多数人做事，是很不容易的，如何才可以不至失败，如何才可以得到各方面的同情，如何组织，如何计划，均非事先筹度不行。又知群众运动在某种时候虽属必要，但决不可轻动，不合时机，不经组织，没有计划的运动，必然做不成功。这种觉悟，也是到五四以后才有的。于此分五端的进行：

**（一）自动的求学** 在学校不能单靠教科书和教习，讲堂功课固然要紧，自动自习，随时注意自己发见求学的门径和学问的兴趣，更为要紧。

**（二）自己管理自己的行为** 学生对于社会，已经处于指导的地位。故自己的行为，必应好生管理。有些学生不喜教职员管理，自己却一意放纵，做出种种坏行。我意不要人家管理，能够自治，是好的。不要管理，自便放纵，是不好的。管理规则、教室规则等，可以不要，但要能够自守秩序。总要办到不要规则而其收效仍如有规则时或且过之才好，平民主义不是不守秩序，罗素是主张自由最力的人，也说自由与秩序并不相妨。我意最好由学生自定规则，自己遵守。

**（三）平等及劳动观念** 朋友某君和我说："学生倡言要与教职员平等，但其使令工役，横眼厉色，又俨然以主人自居，以奴隶待人"。我友之言，系指从前的学生，我意学生先要与工役及其他知识低于自己的人讲求平等，然后遇教职员之以不平等待己者，可以不答应他。近人盛倡勤工俭学，主张一边读书，一边做工。我意校中工作，可以学生自为。终日读书，于卫生上也有妨碍。凡吃饭不做事专门暴殄天物的人，是吾们所最反对的。脱尔斯太主张泛劳动主义。他自制衣履，自作农工，反对太严格的分工，吾愿学生于此加以注意。

**（四）注意美的享乐**　近来学生多有为麻雀、扑克或阅恶劣小说等不正当之消遣，此固原因于其人之不悦学。尤以社会及学校无正当之消遣，为主要原因。甚有生趣索然，意兴无聊，因而自杀者。所以吾人急应提倡美育，使人生美化，使人的性灵寄托于美，而将忧患忘却。于学校中可实现者，如音乐、图画、旅行、游戏、演剧等，均可去做，以之代替不好的消遣。但切不要拘泥，只随人意兴所到，适情便可。如音乐一项，笛子、胡琴都可。大家看看文学书，唱唱诗歌，也可以悦性怡情。单独没有兴会，总要有几个人以上共同享乐，学校中要常有此种娱乐的组织。有此种组织，感情可以调和，同学间不好的意见和争执，也要少些了。人是感情的动物，感情要好好涵养之，使活泼而得生趣。

**（五）社会服务**　社会一般的知识程度不进，各种事业的设施，均感痛苦。“五四”以来，学生多组织平民学校，教失学的人以普通知识及职业，是一件极好的事。吾见北京每一校有二三百人者，有千人者，甚可乐观。国家办教育，人才与财力均难，平民学校不费特别的人才与财力，而可大收教育之效，故是一件很好的事。又有平民讲演，用讲演的形式与平民以知识，也是一件好事。又调查社会情形，甚为要紧。吾国没有统计，以致诸事无从根据计划，要讲平民主义，要有真正的群众运动，宜从各种细小的调查做起 。此次北方旱灾，受饥之民，至三千多万。赈灾筹款，须求引起各方的同情，北京学生联合会乃思得一法，即调查各地灾状，用文字或照片描绘各种灾情，发表出来，借以引起同情。吾出京时，正值学生分组出发，十人一组。即此一宗，可见调查之关系重要。

我以上所讲，是普通的。最后对于湖南学生诸君，尚有二事，须特别说一说：

## 一、学生参与教务会议问题

吾在京时，即听见人说湖南学生希望甚高，要求亦甚大，有欲参与学校教务会议之事。吾于学生自治，甚表赞同，惟参与教务会议，以为未可，其故因学校教职员对于校务是负专责的，是时时接洽的。若参入不接洽又不负责任的学生，必不免纷扰。北大学生也曾要求加入评议会，后告以难于办到的理由，他们亦遂中止了。

## 二、废止考试问题

湖南学生有反对试验之事。吾亦觉得试验有好多坏处。吾友汤尔和先生曾有文详论此事，主张废考，北大高师学生运动废考甚力。吾对北大办法，则以要不要证书为准，不要证书者废止试验，要证书者仍须试验。

吾意学生对于教职员，不宜求全责备，只要教职员系诚心为学生好，学生总宜原谅他们。现在是青黄不接时代，很难得品学兼备的人才呵。吾只希望学生能有各方面的了解和觉悟，事事为有意识的有计划的进行，就好极了。

（据1921年2月25日《北京大学日刊》）

# 去年五月四日以来的回顾与今后的希望

（1920年5月）

去年五月四日，是学生界发生绝大变化的第一日。一转瞬间，已经过了一年了。我们回想，自去年五四运动以后，一般青年学生，抱着一种空前的奋斗精神，牺牲他们的可宝贵的光阴，忍受多少的痛苦，下种种警觉国人的工夫。这些努力，已有成效可观。维尔赛对德和约，我国大多数有知识的国民，本来多认为我国不应当屈服，但是因为学生界先有明显的表示，所以各界才继续加入，一直促成拒绝签字的结果。政府应付外交问题，利用国民公意作后援，这是第一次。到去年年底的时候，日本人要求我们政府同他直接交涉山东问题，也是一半靠着学生界运动拒绝，所以直接交涉，到今日还没有成了事实。一年以来，因为学生有了这种运动，各界人士也都渐渐知道注意国家的重要问题。这个影响实在不小。学生界除了对于政治的表示以外，对于社会也有根本的觉悟。他们知道政治问题的后面，还有较重要的社会问题，所以他们努力实行社会服务，如平民学校、平民讲演，都一天比一天发达。这些事业，实在是救济中国的一种要着。况且他们从事这种事业，可以时时不忘作人表率的责任，因此求学更要勉力。他们和平民社会直接接触，更是增进阅历的一个好机会。这是于公于私，两有益的。但是学生界的运动，虽然得了这样的效果，他们的损失，却也不小。人人都知道罢工、罢市损失很大，但是罢课的损失还要大。全国五十万中学以上的学生，罢了一日课，减少了将来学术上的效能，当有几何？要是从一日到十日，到一月，他的损失，还好计算么？况且有了罢课的话柄，就有懒得用功的学生，常常把这句话作为运动的目的，就是不罢课的时候除了若干真好学的学生以外，普通的就都不能安心用功。所以从罢课的问题提出以后，学术上的损失，实已不可限量。至于因群众运动的缘故，引起虚荣心、倚赖心，精神上的损失，也着实不小。然总没有比罢课问题的重要。

就上头所举的功效和损失比较起来，实在是损失的分量突过功效。依我看来，学生对于政治的运动，只是唤醒国民注意。他们运动所能收的效果，不过如此，不能再有所增加了。他们的责任，已经尽了。现在一般社会也都知道政治问题的重要，到了必要的时候，他们也会对付的，不必要学生独担其任。现在学生方面最要紧的是专心研究学问。试问现在一切政治社会的大问题，没有学问，怎样解决？有了学问，还恐怕解决不了吗？所以我希望自这周年纪念日起，前程远大的学生，要彻底觉悟：以前的成效万不要引以为功，以前的损失，也不必再作无益的愧悔。“从前种种譬如昨日死，以后种种譬如今日生。”打定主意，无论何等问题，决不再用“自杀”的罢课政策。专心增进学识，修养道德，锻炼身体。如有余暇，可以服务社会，担负指导平民的责任，预备将来解决中国的——现在不能解决的——大问题，这就是我对于今年五月四日以后学生界的希望了。

（据1920年5月《新教育》第2卷第5期）

# 读书与救国

## ——在杭州之江大学演说词

（1927年3月12日）

今天承贵校校长费博士介绍，得来此参观，引为非常的荣幸！贵校的创设，有数十年的悠久历史，内中一切规模设备，甚是完美。不用说，这个学校是我们浙江惟一的最高学府。青年学子不必远离家乡，负笈千里，即可求得高深学问，这可不是我们浙江青年的幸福吗！

我看贵校的编制，分文、理二科，这正合西洋各大学以文、理为学校基本学科的本旨。我们大家晓得，攻文学的人，不独要在书本子里探讨，还当受大自然的陶熔。是以求学的环境，非常重要。请看英国牛津大学和美国哥伦比亚大学，他们都设在城外风景佳绝之地。因此，这两个学校里产出的文学巨子，亦较别校为多。贵校的校址，负山带河，面江背湖，空气固是新鲜，风景更属美丽。诸位求学于如此山明水秀之处所，自必兴趣丛生，收事半功倍之效。所以我很希望你们当中学文科的人，能多多造成几位东方之文学泰斗。

印度文明，太偏重于理想，不适合于二十世纪的国家。现在是科学竞争时代，物质万能时代，世界上的强国，无不是工业兴隆，对于声光化电的学问，研究得至微至细的。什么电灯啦、电报啦、轮船啦、火车啦，这些有利人类的一切发明，皆外人贡献的。我们中国就是本着古礼“来而不往，非礼也”的公式，也该有点发明，与世界各国相交换才是。这个责任，我希望贵校学理科的诸位，能自告奋勇地去担负起来。

现在国内一般人们，对于收回教育权的声浪，皆呼得非常之高，而我则以为这个时期还没到。试问国立的几所少数学校，是否能完全容纳中国的学生，而使之无向隅之憾呢？中国目下的情形，是需要人才的时候，不应该拘执于微末之争。至于教会学校的学生，对于爱国运动很少参加，便是无爱国的热忱，这个见解更是错了。学生在求学时期，自应惟学是务，朝朝暮暮，自宜在书本子里用功夫。但大家不用误会，我并不是说学生应完全的不参加爱国运动，总要能爱国不忘读书，读书不忘爱国，如此方谓得其要旨。至若现在有一班学生，借着爱国的美名，今日罢课，明天游行，完全把读书忘记了，像这样的爱国运动，是我所不敢赞同的。

我在外国已有多年，并未多见罢课的事情。只有法国一个高等学堂里，因换一教员，同时有二人欲谋此缺，一新派，一旧派，旧派为保守党，脑筋旧，所以政府主用新人物，因此相争，旧派乃联络全城的高等学校罢课。当时西人认为很惊奇的一回事。而我国则不然，自“五四”以后，学潮澎湃，日胜一日，罢课游行，成为司空见惯，不以为异。不知学人之长，惟知采人之短，以致江河日下，不可收拾，言之实堪痛心啊！

总之，救国问题，谈何容易，决非一朝一夕空言爱国所可生效的。从前勾践雪耻，也曾用“十年生聚，十年教训”的工夫，而后方克遂志。所以我很希望诸位如今在学校里，能努力研究学术，格物穷理。因为能在学校里多用一点工夫，即为国家将来能多办一件事体。外务少管些，应酬以适环境为是，勿虚掷光阴。宜多多组织研究会，常常在试验室里下工夫。他日学成出校，为国效力，胸有成竹，临事自能措置裕如。一校之学生如是，全国各学校之学生亦如是，那末中国的前途，便自然一天光明一天了。

（据1927年3月12日《知难周刊》第2期）

## 怎样才配称做现代学生

（1930年10月）

一般似乎很可爱的青年男女，住着男女同学的学校，就可以算做现代学生么？或者能读点外国文的书，说几句外国语；或者能够“信口开河”的谈什么什么主义和什么什么文学，也就配称做批现代学生么？我看，这些都是表面的或次要的问题。

我以为至少要具备下列三个基本条件，才配称做现代学生：

**（一）狮子样的体力** 我国自来把读书的人叫做文人，本是因为他们所习的为文事的缘故，不料积久这“文人”两个字和“文弱的人”四个字竟发生了连带的关系。古时文士于礼、乐、书、数之外，尚须学习射、御，未尝不寓武于文。不料到后来，被一般野心帝王专以文字章句愚弄天下儒生，鄙弃武事，把知识阶级的体力继续不断的摧残下去；流毒至今，一般读书人所应有的健康，大都被毁剥了。羸弱的父母，那能生产康强的儿女！先天上既虞不足，而学校教育，又未能十分注意体格的训练，后天上也就大有缺陷。所以现时我国的男女青年的体格，虽略较二十年前的书生稍有进步，但比起东、西洋学生壮健活泼、生机勃茂的样子来，相差真不可以道里计。新近有一位留学西洋多年而回国不久的朋友对我说：他刚从外洋回到上海的时候，在马路上走，简直不敢抬头，因为看见一般孱弱已极、毫无生气的中国男女，不禁发生恐惧和惭愧的感觉。这位朋友的话，并不是随便邪说。任何人刚从外国返到中国国境，怕都不免有同样的印象。这虽是就普通的中国人观察，但是学校里的学生也好不了许多。先有健全的身体，然后有健全的思想和事业，这句话无论何人都是承认的，所以学生体力的增进，实在是今日办教育的生死关键。

现今欲求增进中国学生的体力，惟有提倡运动一法。中国废科举，办学校，虽已历时二十余年之久，对于体育一项的设备，太不注意，甚至一个学校连操场、球场都没有，至于健身房、游泳池等等关于体育上的设备，更说不上了。运动机会既因无“用武地”而减少，所以往往有聪慧勤学的学生，只因体力衰弱的缘故，纵使不患肺病、神经衰弱病及其他痼症而青年夭折，也要受精力不强、活动力减少的影响，不能出其所学贡献于社会，前途希望和幸福就从此断送，这是何等可悲痛的事！

今日的学生，便是明日的社会中坚、国家柱石，这样病夫式或准病夫式的学生，焉能担得起异日社会国家的重责！又焉能与外国赳赳武夫的学生争长比短！就拿本年日本举行的第九届远东运动会而论，我国运动员的成绩比起日本来，几于处处落人后。较可取巧的足球，日本学生已成我劲敌。至于最费体力的田径赛，则完全没有我国学生的地位，这又是何等可羞耻的事！

体力的增进，并非一蹴而企。试观东、西洋学生，自小学以至大学，无一日不在锻炼陶冶之中。所以他们的青年，无不嗜好运动，兴趣盎然。一闻赛球，群起而趋。这种习惯的养成，良非易事。而健全国民的基础，乃以确立。这种情形，在初入其国的，尝误认为一种狂癖；观察稍久，方知其影响国本之大。这是我们所应憬然猛省的。

外人以我国度庞大而不自振作，特赠以“睡狮”的怪号。青年们！醒来吧！赶快回复你的“狮子样的体力”！好与世间健儿，一较好身手；并且以健全的体力，去运用思想，创造事业！

**（二）猴子样的敏捷**　“敏捷”的意思，简单说起来就是“快”。在这二十世纪的时代做人，总得要做个“快人”才行。譬如赛跑或游泳一样，快的居前，不快的便要落后，这是无可避免的结果。我们中国的文化，在二千年前，便已发展到与现今的中国文化程度距离不远。那时欧洲大陆还是蛮人横行的时代。至美洲尚草莽未辟，更不用说。然而今日又怎样呢？欧洲文化的灿烂，吾人既已瞠乎其后，而美洲则更发展迅速。美利坚合众国立国至今不过一百五十四年，其政治的、经济的一切发展，竟有“后来居上”之势。这又是什么缘故呢？这固然是美国的环境好，适于建设。而美国人的举动敏捷，也是他们成功迅速一个最大的原因。吾人试游于美国的都市，汽车、街车等等的风驰电掣不算，就是在大街两旁道上走路的人，也都是迈往直前，绝少左顾右盼、姗姗行迟，像中国人所常有的样子。再到他们的工厂或办事房中去参观，他们也是快手快脚的各忙各的事体。至于学校里的学生，无论是在讲堂上、操场上、图书馆里、实验室里，一切行动态度，总是敏捷异常，活泼得很。所以他们能够在一个短时期内，学得多，做得多。将来的成就也自然的多起来了。掉转头来看看我国的情形，一般人的行动颟顸，迟缓，姑置勿论；就是学校里的学生，读书做事，也大半是一些不灵敏。所以在初中毕业的学生，国文多不能畅所欲言；在大学毕业的学生，未必能看外国文的书籍。这不是由于他们的脑筋迟钝，实在是由于习惯成自然。所以出了学校以后，做起事来，仍旧不能紧张，“从容不迫”的做下去。西洋人可以一天做完的事，中国人非两天或三天不能做完。在效率上相差得这样的多，所成就的事体，自然也就不可同日而语了。

关于这种迟缓的不敏捷的行动，我说是一种习惯，而且这种习惯是由于青年时代养成的，并不是没有什么事实上的根据。我们可以用华侨子弟和留学生来做证明：在欧美生长的中国小孩，行动的敏捷，固足与外国小孩相颉颃；而一般留学生，初到外国的时候，总感觉得处处落人之后，走路没有人家快，做事没有人家快，读书没有人家快，在课堂上抄笔记也没有人家写得快、记得多，苦不堪言；但在这样环境中吃得苦头太多了以后，自然而然的一切行动也就渐渐的会变快了。所以留学生回国后一切行动，总比普通一般人要敏捷些。等待他们在百事迟钝的中国环境里住的时间稍为长久一点，他们的迟缓的老脾气，或者也会重新发作的。就拿与人约会或赴宴会做例子，在欧美住留过几年的人，初回国的时候，大都是很肯遵守时间，按时而到；后来觉得自己到了，他人迟到，也是于事无益，呆坐着等人，还白白糟蹋了宝贵的时间，不如还是从俗罢。但是这种习惯的误事和不便，是人人所引以为遗憾的。尤其是我们的青年人，应当积极纠正的。

青年们呀！现在已经是二十世纪的新时代了！这个时代的

特征就是“快”。你看布满了各国大陆的铁道，浮遍了各国海洋的船舰，肉眼可见的有线电的电线，不可见的无线电的电浪，可以横渡大西洋而远征南、北极的飞机，城市地面上驰骋着的街车与汽车，地面下隧道中通行的火车与电车，以及工厂、农场、公事房、家庭中所有的一切机器，那一件不是为要想达到“快”的目的而设的？况且凡百科学，无不日新月异的在那里增加发明。我们纵不能自己发明，也得要迎头赶上去、学上去，这都是非快不为功的。

据进化论的昭示，我们人类由猿猴进化而来。却是人类在这比较安舒的环境中，行动渐次变了迟钝，反较猴子略逊一筹，而中国人的颟顸程度更特别的高。以开化最早的资格，现反远居人后，这是多么惭愧的事！现在我们的青年，如要想对于求学、做事两方面，力振颓风，则非学“猴子样的敏捷”，急起直追不可！

**（三）骆驼样的精神**　在中国四万万同胞中，各人所负责任的重大，恐怕要算青年学生首屈一指了！就中国现时所处的可怜地位和可悲的命运而论，我们几乎可以说：凡是可摆脱这种地位、挽回这种命运的事情和责任，直接或间接都是要落在学生们的双肩上。

**第一是对于学术上的责任。**做学生的第一件事就是读书。

读书从浅近方面说，是要增加个人的知识和能力，预备在社会上做一个有用的人材；从远大的方面说，是要精研学理，对于社会国家和人类作最有价值的贡献。这种责任是何等的重大！读者要知道一个民族或国家要在世界上立得住脚——而且要光荣的立住——是要以学术为基础的。尤其是，在这竞争剧烈的二十世纪，更要倚靠学术。所以学术昌明的国家，没有不强盛的；反之，学术幼稚和知识蒙昧的民族，没有不贫弱的。德意志便是一个好例证：德人在欧战时力抗群强，能力固已可惊；大败以后，曾不十年而又重列于第一等国之林，这岂不是由于他们的科学程度特别优越而建设力强所致么？我们中国人在世界上原来很有贡献的——如发明指南针、印刷术、火药之类——所以现时国力虽不充足，而仍为谈世界文化者所重视。不过经过两千年专制的锢蔽，学术遂致落伍。试问在现代的学术界，我们中国人对于人类幸福有贡献的究竟有几个人呢？无怪人家渐渐的看不起我们了。我们以后要想雪去被人轻视的耻辱，恢复我们固有的光荣；只有从学术方面努力，提高我们的科学知识，更进一步对世界为一种新的贡献，这些都是不能不首先属望于一般青年学子的。

**第二是对于国家的责任。**中国今日，外则强邻四逼，已沦于次殖民地的地位；内则政治紊乱，民穷财匮，国家的前途实在太危险了。今后想摆脱列强的羁绊，则非急图取消不平等条约不可。想把国民经济现状改良，使一般国能享独立、自由、富厚的生活，则非使国内政治能上轨道不可。昔范仲淹为秀才时，便以天下为己任，果然有志竟成。现在的学生们，又安可不以国家为己任。

**第三是对于社会的责任。**先有好政治而后有好社会，抑先有好社会而后有好政治。这个问题用不着什么争论的，其实二者是相互影响的，所以学生对于社会也是负有对于政治同等的责任。我们中国的社会，是一个很老的社会，一切组织形式及风俗习惯，大都陈旧不堪，违反现代精神而应当改良。这也是要希望学生们努力实行的。因为一般年纪大一点的旧人物，有时纵然看得出，想得到，而以濡染太久的缘故，很少能彻底改革的。所以关于改良未来的社会一层，青年所负的责任也是很大的。

以上所说的各种责任都放在学生们的身上，未免太重一些。不过生在这时的中国学生，是无法避免这些责任的。若不学着“骆驼样的精神”来“任重致远”，又有什么办法呢？

除开上述三种基本条件而外，再加以“崇好美术的素养”和“自爱”“爱人”的美德，便配称做现代学生而无愧了。

（据1930年10月《现代学生》月刊创刊号）

# 教育理念篇

中华民国第一届内阁合影（左侧站立者为蔡元培）

# 对于新教育之意见

（1912年2月8日）

近日在教育部，与诸同人新草学校法令，以为征集高等教育会议之预备，颇承同志饷以谠论。顾关于教育方针者殊寡，辄先述鄙见以为喤引，幸海内教育家是正之。

教育有二大别：曰隶属于政治者，曰超轶乎政治者。专制时代（兼立宪而含专制性质者言之），教育家循政府之方针，以标准教育，常为纯粹之隶属政治者。共和时代，教育家得立于人民之地位，以定标准，乃得有超轶政治之教育。清之季世，隶属政治之教育，腾于教育家之口者，曰军国民教育。夫军国民教育者，与社会主义僢驰，在他国已有道消之兆。然在我国则强邻交逼，亟图自卫，而历年丧失之国权，非凭借武力，势难恢复。且军人革命以后，难保无军人执政之一时期，非行举国皆兵之制，将使军人社会，永为全国中特别之阶级，而无以平均其势力。则如所谓军国民教育者，诚今日所不能不采者也。

虽然，今之世界，所恃以竞争者，不仅在武力，而尤在财力。且武力之半，亦由财力而孳乳。于是有第二之隶属政治者，曰实利主义之教育，以人民生计为普通教育之中坚。其主张最力者，至以普通学术，悉寓于树艺、烹饪、裁缝，及金、木、土工之中。此其说创于美洲，而近亦盛行于欧陆。我国地宝不发，实业界之组织尚幼稚，人民失业者至多，而国甚贫。实利主义之教育，固亦当务之急者也。

是二者，所谓强兵富国之主义也。顾兵可强也，然或溢而为私斗，为侵略，则奈何？国可富也，然或不免知欺愚，强欺弱，而演贫富悬绝，资本家与劳动家血战之惨剧，则奈何？曰教之以公民道德。何谓公民道德？曰法兰西之革命也，所标揭者，曰自由、平等、亲爱。道德之要旨，尽于是矣。孔子曰："匹夫不可夺志。"孟子曰："大丈夫者，富贵不能淫，贫贱不能移，威武不能屈。"自由之谓也。古者盖谓之义。孔子曰："己所不欲，勿施于人。"子贡曰："我不欲人之加诸我也，吾亦欲毋加诸人。"《礼记·大学》曰："所恶于前，毋以先后；所恶于后，毋以从前；所恶于右，毋以交于左；所恶于左，毋以交于右。"平等之谓也。古者盖谓之恕。自由者，就主观而言之也。然我欲自由，则亦当尊人之自由，故通于客观。平等者，就客观而言之也。然我不以不平等遇人，则亦不容人之以不平等遇我，故通于主观。二者相对而实相成，要皆由消极一方面言之。苟不进之以积极之道德，则夫吾同胞中，固有因生禀之不齐，境遇之所迫，企自由而不遂，求与人平等而不能者。将一切恝置之，而所谓自由若平等之量，仍不能无缺陷。孟子曰：“鳏寡孤独，天下之穷民而无告者也。”张子曰：“凡天下疲癃残疾茕独鳏寡，皆吾兄弟之颠连而无告者也。禹思天下有溺者，由己溺之。稷思天下有饥者，由己饥之。伊尹思天下之人，匹夫匹妇有不与被尧舜之泽者，若己推而纳之沟中。”孔子曰：“己欲立而立人，己欲达而达人。”亲爱之谓也。古者盖谓之仁。三者诚一切道德之根源，而公民道德教育之所有事者也。

教育而至于公民道德，宜若可为最终之鹄的矣。曰未也。公民道德之教育，犹未能超轶乎政治者也。世所谓最良政治者，不外乎以最大多数之最大幸福为鹄的。最大多数者，积最少数之一人而成者也。一人之幸福，丰衣足食也，无灾无害也，不外乎现世之幸福。积一人幸福而为最大多数，其鹄的犹是。立法部之所评议，行政部之所执行，司法部之所保护，如是而已矣。即进而达《礼运》之所谓大道为公，社会主义家所谓未来之黄金时代，人各尽其所能，而各得其所需，要亦不外乎现世之幸福。盖政治之鹄的，如是而已矣。一切隶属政治之教育，充其量亦如是而已矣。

虽然，人不能有生而无死。现世之幸福，临死而消灭。人而仅仅以临死消灭之幸福为鹄的，则所谓人生者有何等价值乎？国不能有存而无亡，世界不能有成而无毁，全国之民，全世界之人类，世世相传，以此不能不消灭之幸福为鹄的，则所谓国民若人类者，有何等价值乎？且如是，则就一人而言之，杀身成仁也，舍生取义也，舍己而为群也，有何等意义乎？就一社会而言之，与我以自由乎，否则与我以死，争一民族之自由，不至沥全民族最后之一滴血不已，不合全国为一大家不已，有何等意义乎？且人既无一死生破利害之观念，则必无冒险之精神，无远大之计划，见小利，急近功，则又能保其不为失节堕行身败名裂之人乎？谚曰："当局者迷，旁观者清。"非有出世间之思想者，不能善处世间事，吾人即仅仅以现世幸福为鹄的，犹不可无超轶现世之观念，况鹄的不止于此者乎？

以现世幸福为鹄的者，政治家也；教育家则否。盖世界有二方面，如一纸之有表里：一为现象，一为实体。现象世界之事为政治，故以造成现世幸福为鹄的；实体世界之事为宗教，故以摆脱现世幸福为作用。而教育者则立于现象世界，而有事于实体世界者也。故以实体世界之观念，为其究竟之大目的，而以现象世界之幸福，为其达于实体观念之作用。

然则现象世界与实体世界之区别何在耶？曰：前者相对，而后者绝对；前者范围于因果律，而后者超轶乎因果律；前者与空间时间有不可离之关系，而后者无空间时间之可言；前者可以经验，而后者全恃直观。故实体世界者，不可名言者也。然而既以是为观念之一种矣，则不得不强为之名，是以或谓之道，或谓之太极，或谓之神，或谓之黑暗之意识，或谓之无识之意志。其名可以万殊，而观念则一。虽哲学之流派不同，宗教家之仪式不同，而其所到达之最高观念皆如是。（最浅薄之唯物论哲学，及最幼稚之宗教祈长生求福利者，不在此例。）

然则，教育家何以不结合于宗教，而必以现象世界之幸福为作用？曰：世固有厌世派之宗教若哲学，以提撕实体世界观念之故，而排斥现象世界。因以现象世界之文明为罪恶之源，而一切排斥之者。吾以为不然。现象实体，仅一世界之两方面，非截然为互相冲突之两世界。吾人之感觉，既托于现象世界，则所谓实体者，即在现象之中，而非必灭乙而后生甲。其现象世界间，所以为实体世界之障碍者，不外二种意识：一、人我之差别，二、幸福之营求是也。人以自卫力不平等而生强弱，人以自存力不平等而生贫富。有强弱贫富，而彼我差别之见起。弱者贫者，苦于幸福之不足，而营求之意识起。有人我则于现象中有种种之界划，而与实体违。有营求则当其未遂，为无已之苦痛。及其既遂，为过量之要索。循环于现象之中，而与实体隔。能剂其平，则肉体之享受，纯任自然，而意识界之营求泯，人我之见亦化。合现象世界各别之意识为浑同，而得与实体吻合焉。故现世幸福，为不幸福之人类到达于实体世界之一种作用，盖无可疑者。军国民、实利两主义，所以补自卫自存力之不足。道德教育，则所以使之互相卫互相存，皆所以泯营求而忘人我者也。由是而进以提撕实体观念之教育。

提撕实体观念之方法如何？曰：消极方面，使对于现象世界，无厌弃而亦无执著；积极方面，使对于实体世界，非常渴慕而渐进于领悟。循思想自由言论自由之公例，不以一流派之哲学一宗门之教义梏其心，而惟时时悬一无方体无始终之世界观以为鹄。如是之教育，吾无以名之，名之曰世界观教育。

虽然，世界观教育，非可以旦旦而聒之也。且其与现象世界之关系，又非可以枯槁单简之言说袭而取之也。然则何道之由？曰美感之教育。美感者，合美丽与尊严而言之，介乎现象世界与实体世界之间，而为之津梁。此为康德所创造，而嗣后哲学家未有反对之者也。在现象世界，凡人皆有爱、恶、惊、惧、喜、怒、悲、乐之情，随离合生死祸福利害之现象而流转。至美术则即以此等现象为资料，而能使对之者，自美感以外，一无杂念。例如采莲煮豆，饮食之事也，而一入诗歌，则别成兴趣。火山赤舌，大风破舟，可骇可怖之景也，而一入图画，则转堪展玩。是则对于现象世界，无厌弃而亦无执著也。人既脱离一切现象相对之感情，而为浑然之美感，则即所谓与造物为友，而已接触于实体世界之观念矣。故教育家欲由现象世界而引以到达于实体世界之观念，不可不用美感之教育。

五者，皆今日之教育所不可偏废者也。军国民主义，实利主义，德育主义三者，为隶属于政治之教育。（吾国古代之道德教育，则间有兼涉世界观者，当分别论之。）世界观、美育主义二者，为超轶政治之教育。

以中国古代之教育证之，虞之时，夔典乐而教胄子以九德，德育与美育之教育也。周官以卿三物教万民，六德六行，德育也。六艺之射御，军国民主义也。书数，实利主义也。礼为德育，而乐为美育。以西洋之教育证之，希腊人之教育为体操与美术，即军国民主义与美育也。欧洲近世教育家，如海尔巴德氏纯持美育主义。今日美洲之杜威派，则纯持实利主义者也。

以心理学各方面衡之，军国民主义毗于意志；实利主义毗于知识；德育兼意志情感二方面；美育毗于情感；而世界观则统三者而一之。

以教育界之分言三育者衡之，军国民主义为体育；实利主义为智育；公民道德及美育皆毗于德育；而世界观则统三者而一之。

以教育家之方法衡之，军国民主义，世界观，美育，皆为形式主义；实利主义，为实质主义；德育则二者兼之。

譬之人身，军国民主义者，筋骨也，用以自卫；实利主义者，胃肠也，用以营养；公民道德者，呼吸机循环机也，周贯全体；美育者，神经系也，所以传导；世界观者，心理作用也，附丽于神经系，而无迹象之可求。此即五者不可偏废之理也。

本此五主义而分配于各教科，则视各教科性质之不同，而各主义所占之分数，亦随之而异。国语国文之形式，其依准文法者属于实利，而依准美词学者，属于美感。其内容则军国民主义当占百分之十，实利主义当占其四十，德育当占其二十，美育当占其二十五，而世界观则占其五。

修身，德育也，而以美育及世界观参之。

历史、地理，实利主义也。其所叙述，得并存各主义。历史之英雄，地理之险要及战绩，军国民主义也；记美术家及美术沿革，写各地风景及所出美术品，美育也；记圣贤，述风俗，德育也；因历史之有时期，而推之于无终始，因地理之有涯涘，而推之于无方体，及夫烈士、哲人、宗教家之故事及遗迹，皆可以为世界观之导线也。

算学，实利主义也，而数为纯然抽象者。希腊哲人毕达哥拉士以数为万物之原，是亦世界观之一方面；而几何学各种线体，可以资美育。

物理化学，实利主义也。原子电子，小莫能破，爱耐而几（Energy），范围万有，而莫知其所由来，莫穷其所究竟，皆世界观之导线也；视官听官之所触，可以资美感者尤多。

博物学，在应用一方面，为实利主义；而在观感一方面，多为美感。研究进化之阶段，可以养道德，体验造物之万能，可以导世界观。

图画，美育也，而其内容得包含各种主义，如实物划之于实利主义，历史划之于德育是也。其至美丽至尊严之对象，则可以得世界观。

唱歌，美育也，而其内容，亦可以包含种种主义。

手工，实利主义也，亦可以兴美感。

游戏，美育也；兵式体操，军国民主义也；普通体操，则兼美育与军国民主义二者。

上之所著，仅具辜较，神而明之，在心知其意者。

满清时代，有所谓钦定教育宗旨者，曰忠君，曰尊孔，曰尚公，曰尚武，曰尚实。忠君与共和政体不合，尊孔与信教自由相违（孔子之学术，与后世所谓儒教、孔教当分别论之。嗣后教育界何以处孔子，及何以处孔教，当特别讨论之，兹不赘），可以不论。尚武，即军国民主义也。尚实，即实利主义也。尚公，与吾所谓公民道德，其范围或不免有广狭之异，而要为同意。惟世界观及美育，则为彼所不道，而鄙人尤所注重，故特疏通而证明之，以质于当代教育家，幸教育家平心而讨论焉。

（据1920年新潮社编《蔡子民先生言行录》）

# 新教育与旧教育之歧点

——在天津中华书局“直隶全省小学会议欢迎会”演说

（1918年5月30日）

今日承京津中华书局代表之招，得与诸先生晤言一堂，不胜荣幸。中华书局，为供给教育资料之机关；诸君子皆有实施教育之职务。今日所相与讨论者，自然为教育问题。鄙人于小学教育，既未有经验；又于直隶省教育情形，未有所考察，不能为切实之贡献。谨以平日对于教育界之普通感想，质之于诸先生。

夫新教育所以异于旧教育者，有一要点焉，即教育者非以吾人教育儿童，而吾人受教于儿童之谓也。吾国之旧教育以养成科名仕宦之材为目的。科名仕宦，必经考试，考试必有诗文，欲作诗文，必不可不识古字，读古书，记古代琐事。于是先之以《千字文》《神童诗》《龙文鞭影》《幼学须知》等书；进之以“四书”“五经”；又次则学为八股文、五言八韵诗；其他若自然现象，社会状况，虽为儿童所亟欲了解者，均不得阑入教科，以其于应试无关也。是教者预定一目的，而强受教者以就之；故不问其性质之动静，资禀之锐钝，而教之止有一法，能者奖之，不能者罚之，如吾人之处置无机物然，石之凸者平之，铁之脆者煅之；如花匠编松柏为鹤鹿焉；如技者教狗马以舞蹈焉；如凶汉之割折幼童，而使为奇形怪状焉；追想及之，令人不寒而慄。新教育则否。在深知儿童身心发达之程序，而择种种适当之方法以助之。如农学家之于植物焉，干则灌溉之，弱则支持之，畏寒则置之温室，需食则资以肥料，好光则覆以有色之玻璃；其间种类之别，多寡之量，皆几经实验之结果，而后选定之；且随时试验，随时改良，决不敢挟成见以从事焉。故治新教育者，必以实验教育学为根柢。实验教育学者，欧美最新之科学，自实验心理学出，而尤与实验儿童心理学相关。其所试验者，曰感觉之阈，曰感觉之分别界，曰空间与时间之表象，曰反射，曰判断，曰注意力，曰同化作用，曰联想，曰意志之阅历，曰统觉，凡一切心理上之现象皆具焉。其试验之也，或以仪器，或以图画，或以言语，或以文字。其所为比较者，或以年龄，或以男女之别，或以外界一切之关系，或以祖先之遗传性，因而得种种普通之例，亦即因而得种种差别之点。虽今日尚未达完全之域，然研究所得，视昔之纯凭臆测者，已较有把握矣。

因而知教育者，与其守成法，毋宁尚自然；与其求划一，毋宁展个性。请举新教育之合于此主义者数端。一曰托尔斯泰（Tolstoy）之自由学校。其建设也，尚在实验教育学未起以前，乃本卢梭、裴斯泰洛齐、弗罗贝尔等之自然主义而推演之者；其学生无一定之位置，或坐于凳，或登于棹，或伏于窗槛，或踞于地板，惟其所欲；其课程亦无定时，惟学生之愿，常以种种对象间厕而行之；其教授之形式，惟有问答。闻近年比利时亦有此种学校，鄙人欲索其章程，适欧战起，比为德所掳，不可得矣。二曰杜威（Dewey）之实用主义。杜威尝著《学校与普通生活》一书，力言学校教科与社会隔绝之害；附设一学校于芝加哥大学，即以人类所需之衣、食、住三者为工事标准，略分三部：一曰手工，如木工、金工之类；二曰烹饪；三曰缝织，而描画模型等皆属之。即由此而授以学理，如因烹饪而授以化学，因裁缝而授以数学，因手工而授以物理学、博物学，因原料所自出而授以地理学，因各时代各民族工艺若服食之不同而授以历史学、人类学等是也。三曰蒙台梭利之儿童室，即特设各种器具以启发儿童之心理作用者，是也。吾国已有译本，想诸君已见之。四曰某氏之以工作为操练说。此说不忆为何人所创，大约以能力说为基础。能力者，西方所谓Energy也，近世自然哲学，以世界一切现象，不外乎能力之转移，如燃煤生热，热能蒸水成汽，汽能运机，机能制器，即一种能力之由煤而热，而汽，而机，而器，递相转移也。惟能力之转移，有经济与不经济之别，如水力可以运机发电，而我国海潮瀑布之属，皆置而不用，是即不经济之一端也。近世教育，如手工图画等科，一方面为目力手力之操练，而一方面即有成绩品，此能力转移之经济者也。其他各种运动，大率止有操练，并无出品，则为不经济之转移。若合个人生理及社会需要两方面而研究之，设为种种手力足力之工作，以代拍球蹴球之戏；设为种种运输之工作，以利用竞走竞漕之役；则悉于体育之中，养成勤务之习惯，而一切过激之动作，凌人之虚荣心，亦可以免矣。其他类是之新说，为鄙人所未知者，尚不知凡几，亦足以见现代教育界之进步矣。吾国教育界，乃尚牢守几本教科书，以强迫全班之学生，其实与往日之《三字经》、四书、五经等，不过五十步与百步之相差。欲救其弊，第一，须设实验教育之研究所。第二，教员须有充分之知识，足以应儿童之请益与模范而不匮。第三，则供给教育品者，亦当有种种参考之图画与仪器，以供教员之取资。如此，则始足语于新教育矣。

（据1918年5月30日、31日《北京大学日刊》）

## 中国大学四周年纪念演说词

（1917年4月29日）

今日为中国大学成立四周年纪念之期，又更名纪念会之期，及专门部、中学科举行毕业式之期，关系最为重要。鄙人不敏，聊贡数言。今日鄙人来此地方，生有一种感想，因中国大学与他校不同，实具有一种特性。此种特性，实与社会及吾人大有关系。

吾人自出生以至于死，可分三时期：第一预备时期，即幼年；第二工作时期，即壮年；第三休息时期，即老年。良以社会既予吾人以大利益，则吾人不可不预备代价，以为交换之具。吾人所受社会之利益，与同人缔有债务契约无异。既欠人债，即不能不想还债。故少年预备时期，亦即为少年欠债时期；而工作时期，即为中年还债时期。然吾人一至中年，即距老不远，故不能不储蓄，以为第三期休息之预备。而老年人苟有能力，仍为社会服务，不过不及壮年之多耳，止可谓之半息，而不能谓之全息。尝见外国之实业家、教育家、著作家，老而治事，至死后已，即此义也。吾人在校肄业，即为预备及欠债时期，毕业即入还债时期矣。专门部诸君，今日毕业，明日在社会即担任有还债之义务。换言之，即是脱离第一时期，而入第二之工作时期。虽中学科毕业之后，有入大学部或专门部深造者，然亦有在社会作事者。在社会上作事，亦是入于工作时期。故吾人一生，实以第二时期为最重要。然此种工作，亦不能不有预备。此种预备有二：一、材料之预备，如学生之课程是也；二、能力之预备，即以学校为锻炼吾人体力、脑力之助，又以职教员之训练及其所授于吾人之模范为修养之助。中国大学职教员，有两种特性，而又为吾人模范者：

**一、坚忍心，如学科之编制及经费之筹备。**中国大学之成立，固已四年于兹，然此四年之中，艰难困苦，实已备尝。在创办者，原想设立一完全大学，故有大学预科之编制。然大学年限过长，设备又须完全，而校中经费，诸多支绌，故又不能不退一步而有专门部之编制。此种事务，如在他人，必畏难而不办矣。然中国大学之职教员，则虽艰难困苦备尝，而其初心不少更易。暂时固因经费支绌之关系，而不能大遂所志，但总希望完全办到。故中国大学职教员之坚忍心，可谓吾人模范也。

**二、即本校职教员富有义务心，即责任心。**何以见之？各职教员有兼任两校功课者，若因甲校之报酬较乙校为厚，遂勤于甲校而怠于乙校，其鄙陋之心，影响于学生最大。而中国大学之职教员，则绝无此状。虽因本校经费支绌，报酬较薄，而训导学生，勤恳无比，其义务心尤足为吾人之模范也。是以中国大学毕业诸生，多杰出之才，实校中职教员兼有以上两种特性有以成之。

今则毕业诸生，已入工作时期，以后服务社会，应守母校之模范，历久勿失，莫惧艰难，莫忧烦琐，一以坚忍耐劳出之，无不成者。且勿以毕业生自负，一经任事，先计报酬。试思我国经济，困难已极，人人以报酬为先务，势必穷于供给，而各事将无人过问。毕业诸生，当明斯理。以后处世，即使毫无权利，则义务亦在所应尽。以义务为先，毋以权利为重，庶足符母校之精神矣。鄙人际兹盛会，无任欢忻，谨竭诚祝曰：

中国大学万岁！

中国大学毕业诸生万岁！

（据1920年新潮社编《蔡孑民先生言行录》）

# 在南开学校敬业励学演说三会联合讲演会上的演说词

（1917年5月23日）

兄弟今日承姜先生之介绍，得与诸君相晤，谈话一堂，甚幸甚幸。惟兄弟虽蒙诸君之约，冀有所贡献，然以校事羁身，急待归去；且欲一听李先生之演说，故遂不得作长谈，仅择其精者简略言之，愿诸君一垂听焉。

讲题之采取，系属于感想而得。顷与全校诸君言道德之精神在于思想自由，即足为是题之引。

当兄弟未至贵校之先，每以贵校与约翰、清华、东吴诸大学相联想。今亲诣参观，略悉内情，始知大谬。盖贵校固一纯粹思想自由之学校。继以各会宗旨，谅大都一致无疑。乃闻之姜先生，复知各会宗旨各异，万象包罗，任人选择。若青年会属于宗教的，而敬业乐群会则以研究学术号召，励学会亦复以演说讲演为重。此外，各专门学会亦各精一术，毫不相妨。此诚可为诸君庆，而兄弟遂亦感而言此矣。

人生在世，身体极不自由。以贵校体育论，跃高掷重，成绩昭然。（本岁远东运动会，本校同学以跃高、掷重列名，故先生言如此。）然而练习之始，其难殆百倍于成功之日。航空者置身太空，自由极矣，乃卒不能脱巨风之险。习语言者，精一忘百，即使能通数地或数国方言，然穷涉山川，终遇隔膜之所。是如法律之绳人，亦犹是也。然法律不自由中，仍有自由可寻。自由者何？即思想是也。但思想之自由，亦自有界说。彼倡天地新学说者，必以地圆为谬，而倡其地平日动之理。其思想诚属自由，然数百年所发明刊定不移之理，讵能一笔抹杀！且地圆之证据昭著，既不能悉以推翻，修取一二无足轻重之事，为地平证，则其学说不能成立宜也。又如行星之轨道，为有定所，精天文者，久已考明。乃幻想者流，必数执已定之理，屏为不足道，别创其新奇之论。究其实，卒与倡天地新学说者将同归失败。此种思想，可谓极不自由。盖真理既已公认不刊，而驳之者犹复持闭关主义，则其立论终不得为世人赞同，必矣。

舍此类之外，有所谓最自由者，科学不能禁，五官不能干，物质不能范，人之寿命，长者百数十年，促者十数年，而此物之存在，则卒不因是而间断。近如德人之取尸炸油，毁人生之物质殆尽，然其人之能存此自由者，断不因是而毁灭。在昔有倡灵魂论，宗教家主之，究之仍属空洞。分思想于极简单，分皮毛于极细小，仍亦归之物质，而物质之作用，是否属之精神，尚不可知。但精神些微之差，其竟足误千里。故精神作用，现人尚不敢曰之为属于物质，或曰物质属之于精神。且精神、物质之作用，是否两者具备，相辅而行？或各自为用，毫不相属？均在不可知之数。如摄影一事，其存者果为精神？抑为物质、精神两者均系之？或两者外别有作用？此实不敢武断。

论物质，有原子；原子分之，又有电子。究竟原子、电子何属？吾人之思想试验，殊莫知其奥。论精神，其作用之最微者又何而属？吾人更不得知。而空中有所谓真空，各个以太，实则其地位何若，态度何似，更属茫然。度量衡之短而小者，吾人可以意定，殆分之极细，长之极大，则其极不得而知。譬之时计，现为四句钟，然须臾四钟即逝，千古无再来之日，其竟又将如何耶？伍廷芳先生云彼将活二百岁。二百岁以后何似？推而溯之原始，终不外原子、电子之论。考地质者，亦不得极端之证验。地球外之行星，或曰已有动物存在，其始生如何，亦未闻有发明者。

人生在世，钩心斗智，相争以学术，鞠躬尽瘁，死而后已，亦无非争此未勘破之自由。评善恶者，何者为善？何者为恶？禁作者为违法之事，而不作者亦非尽恶。以卫生论，卫生果能阻死境之不来欤？生死如何，民族衰亡如何，衰亡之早晚又如何，此均无确当之论。或曰终归之于上帝末日之裁判，此宗教言也。使上帝果人若，则空洞不可得见，以脑力思之，则上帝非人，而其至何时，其竟何似，均不可知，是宗教亦不足征信也。有主一元说者，主二元说者，又有主返原之论者，使人人倾向于原始之时。今之愿战，有以为可忧，有以为思想学术增进之导线。究之以上种种，均有对待可峙，无人敢信其为绝对的可信，亦无有令人绝对的可信之道也。

是故，吾人今日思想趋向之竟，不可回顾张皇，行必由径，反之失其正鹄。西人今日自杀之多，殆均误于是道。且至理之信，不必须同他人；己所见是，即可以之为是。然万不可诪张为幻。此思想之自由也。凡物之评断力，均随其思想为定，无所谓绝对的。一己之学说，不得束缚他人；而他人之学说，亦不束缚一己。诚如是，则科学、社会学等等，将均任吾人自由讨论矣。

（周恩来记录）

（据1917年6月《敬业》第6期）

## 在保定育德学校演说

（1918年1月5日）

鄙人耳育德学校之名，由来已久，今乘大学休假之际，得以躬莅斯地，与诸君子共语一堂，甚属快事。因贵校以“育德”为号，而校中又设有留法预科，乃使鄙人联想及于法人之道德观念。法自革命以后，有最显著、最普遍之三词，到处揭著，即自由、平等、友爱是也。夫是三者，是否能尽道德之全，固难遽定，然即证以中国意义，要亦不失为道德之重要纲领。

所谓自由，非放恣自便之谓，乃谓正路既定，矢志弗渝，不为外界势力所征服。孟子所称“富贵不能淫，贫贱不能移，威武不能屈”者，此也。准之吾华，当曰“义”。所谓平等，非均齐不相系属之谓，乃谓如分而与，易地皆然，不以片面方便害大公。孔子所称“己所不欲，勿施于人”者，此也。准之吾华，当曰“恕”。所谓友爱，义斯无歧，即孔子所称“己欲立而立人，己欲达而达人”。张子所称“民胞物与者”，是也。准之吾华，当曰“仁”。仁也、恕也、义也，均即吾中国古先哲旧所旌表之人道信条，即征西方之心同理同，亦当宗仰服膺者也。

是以鄙人言人事，则必以道德为根本；言道德，则又必以是三者为根本。盖人生心理，虽曰智、情、意三者平列，而语其量，则意最广，征共其序则意又最先。此固近代学者所已定之断案。就一人之身而考三性发达之迟早，就矿植动三物之伦而考三性包含之多寡，与夫就吾人日常之识一物立一义而考三性应用之疾徐，皆有其不可掩者。故近世心理学，皆以意志为人生之主体，惟意志之所以能不背道德而向道德，则有赖乎知识与感情之翼助。此科学、美术所以为陶铸道德之要具，而凡百学校皆据以为编制课程之标准也。自鄙人之见，亦得以三德证成之。二五之为十，虽帝王不能易其得数，重坠之趋下，虽兵甲不能劫之反行，此科学之自由性也。利用普乎齐民，不以优于贵；立术超乎攻取，无所党于私。此科学之平等性及友爱性也。若美术者，最贵自然，毋意毋必，则自由之至者矣。万象并包，不遗贫贱，则平等之至者矣。并世相师，不问籍域，又友爱之至者矣。 故世之重道德者，无不有赖乎美术及科学，如车之有两轮，鸟之有两翼也。

今闻贵校学风，颇致力于勤、俭二字。勤则自身之本能大，无需于他；俭则生活之本位廉，无人不得，是含自由义。且勤者自了己事，不役人以为工；俭者自享已分，不夺人以为食，是含平等义。勤者输吾供以易天下之供，俭者省吾求以裕天下之求，实有烛于各尽所能、各取所需之真谛，而不忍有一不克致社会有一不获之夫，是含友爱义。诸君其慎毋以此二字为庸为小。天下盖尽有几多之恶潮，其极也，足以倾覆邦命，荼毒生灵，而其发源，乃仅由于一二少数人自恣之心所鼓荡者。如往者筹安会之已事，设其领袖俱习于勤俭，肯为寻常生活，又何至有此。然则此二字者，造端虽微，而潜力则巨。鄙人对于贵校之学风，实极端赞成矣。惟祝贵校以后法文传习日广，能赴法留学者日多，俾中国之义、恕、仁与法国之自由、平等、友爱融化，而日进于光大。是非党法，法实有特宜于国人旅学之点：旅用廉也，风习新也，前驱众也，学说之纯正，不杂以君制或宗教之臣瑕也，国民之浸淫于自由、平等、友爱者久，而鲜侮外人也，皆其著也。

（孙松龄记录）

（据1918年2月20日《北京大学日刊》）

## 中国古代哲学史大纲序

（1918年8月3日）

我们今日要编中国古代哲学史，有两层难处。第一是材料问题：周秦的书，真的同伪的混在一处。就是真的，其中错简字又是很多。若没有作过清朝人叫做“汉学”的一步工夫，所搜的材料必多错误。第二是形式问题：中国古代学术，从没有编成系统的记载。《庄子》的“天下”篇，《汉书·艺文志》的“六艺略”“诸子略”，均是平行的记述。我们要编成系统，古人的著作没有可依傍的，不能不依傍西洋人的哲学史。所以非研究过西洋哲学史的人，不能构成适当的形式。

现在治过“汉学”的人虽还不少，但总是没有治过西洋哲学史的。留学西洋的学生，治哲学的本没有几人，这几人中能兼治“汉学”的更少了。适之先生生于世传“汉学”的绩溪胡氏，禀有“汉学”遗传性；虽自幼进新式的学校，还能自修“汉学”，至今不辍；又在美国留学的时候，兼治文学、哲学，于西洋哲学史是很有心得的。所以编中国古代哲学史的难处，一到先生手里，就比较的容易多了。

先生到北京大学教授中国哲学史，才满一年。此一年的短时期中，成了这一编《中国古代哲学史大纲》，可算是心灵手敏了。我曾细细读了一遍，看出其中几处特长：

第一是证明的方法。我们对于一个哲学家，若是不能考实他生存的时代，便不能知道他思想的来源；若不能辨别他遗著的真伪，便不能揭出他实在的主义；若不能知道他所用辩证的方法，便不能发现他有无矛盾的议论。适之先生这《大纲》中，此三部分的研究，差不多占了全书三分之一，不但可以表示个人的苦心，并且为后来的学者开无数法门。

第二是扼要的手段。中国民族的哲学思想远在老子、孔子之前，是无可疑的。但要从此等一半神话、一半政史的记载中，抽出纯粹的哲学思想，编成系统，不是穷年累月不能成功的。适之先生认定所讲的是中国古代哲学家的思想发达史，不是中国民族的哲学思想发达史，所以截断众流，从老子、孔子讲起。这是何等手段！

第三是平等的眼光。古代评判哲学的，不是墨非儒，就是儒非墨。且同是儒家，荀子非孟子；崇拜孟子的人，又非荀子。汉宋儒者，崇拜孔子，排斥诸子；近人替诸子抱不平，又有意嘲弄孔子。这都是闹意气罢了！适之先生此编，对于老子以后的诸子，各有各的长处，各有各的短处，都还他一个本来面目，是很平等的。

第四是系统的研究。古人记学术的，都用平行法，我已说过了。适之先生此编，不但孔墨两家有师承可考的，一一显出变迁的痕迹，便是从老子到韩非，古人画分做道家和儒墨名法等家的，一经排比时代，比较论旨，都有递次演进的脉络可以表示。此真是古人所见不到的。

以上四种特长，是较大的，其他较小的长处，读的人自能领会，我不必赘说了。我只盼望适之先生努力进行，由上古而中古、而近世，编成一部完全的《中国哲学史大纲》，把我们三千年来一半断烂、一半庞杂的哲学界，理出一个头绪来，给我们一种研究本国哲学史的门径，那真是我们的幸福了。

中华民国七年八月三日　蔡元培

（据胡适著《中国哲学史大纲》，1919年商务印书馆出版）

# 科学之修养

## ——在北京高等师范学校修养会之演说

（1919年4月24日）

鄙人前承贵校德育部之召，曾来校演讲；今又蒙修养会见召，敢略述修养与科学之关系。

查修养之目的，在使人平日有一种操练，俾临事不致措置失宜。盖吾人平日遇事，常有计较之余暇，故能反复审虑，权其利害是非之轻重而定取舍。然若至仓促之间，事变横来，不容有审虑之余地，此时而欲使诱惑困难不能隳其操守，非平日修养有素不可，此修养之所以不可缓也。

修养之道，在平日必有种种信条：无论其为宗教的，或社会的，要不外使服膺者储蓄一种抵抗之力，遇事即可凭之以定决择。如心所欲作而禁其不作，或心所不欲而强其必行，皆依于信条之力。此种信条，无论文明野蛮民族均有之。然信条之起，乃由数千万年习惯所养成；及行之既久，必有不适之处，则怀疑之念渐兴，而信条之效力遂失。此犹就其天然者言也。乃若古圣先贤之格言嘉训，虽属人造，要亦不外由时代经验归纳所得之公律，不能不随时代之变迁而易其内容。吾人今日所见为嘉言懿行者，在日后或成故纸；欲求其能常系人之信仰，实不可能。由是观之，则吾人之于修养，不可不研究其方法。在昔吾国哲人，如孔孟老庄之属，均曾致力于修养，而宋明儒者尤专力于此。然学者提倡虽力，卒不能使天下之人尽变有良善之士，可知修养亦无一定之必可恃者也。至于吾人居今日而言修养，则尤不能如往古道家之蛰影深山，不闻世事。盖今日社会愈进，世务愈繁。已入社会者，固不能舍此而他从；即未入社会之学校青年，亦必从事于种种学问，为将来入世之准备。其责任之繁重如是，故往往易为外务所缚，无精神休假之余地，常易使人生观陷于悲观厌世之域，而在不得志之人为尤甚。其故即在现今社会与从前不同。欲补救此弊，须使人之精神，有张有弛。如作事之后，必继之以睡眠，而精神之疲劳，亦必使有机会得以修养。此种团体之结合，尤为可喜之事。但鄙人以为修养之致力，不必专限于集会之时，即在平时课业中亦可利用其修养。故特标此题曰“科学的修养”。

今即就贵会之修养法逐条说明，以证科学的修养法之可行。如贵会简章有“力行校训”一条。贵校校训为“诚勤勇爱”四字。此均可于科学中行之。如“诚”字之义，不但不欺人而已，亦必不可为他人所欺。盖受人之欺而不自知，转以此说复诏他人，其害与欺人者等也。是故吾人读古人之书，其中所言苟非亲身实验证明者，不可轻信；乃至极简单之事实，如一加二为三之数，亦必以实验证明之。夫实验之用最大者，莫如科学。譬如报纸记事，臧否不一，每使人茫无适从。科学则不然。真是真非，丝毫不能移易。盖一能实验，而一不能实验故也。由此观之，科学之价值即在实验。是故欲力行“诚”字，非用科学的方法不可。

其次“勤”。凡实验之事，非一次所可了。盖吾人读古人之书而不慊于心，乃出之实验。然一次实验之结果，不能即断其必是，故必继之以再以三，使有数次实验之结果。如不误，则可以证古人之是否；如与古人之说相刺谬，则尤必详考其所以致误之因，而后可以下断案。凡此者反复推寻，不惮周详，可以养成勤劳之习惯。故“勤”之力行亦必依赖夫科学。

再次“勇”。勇敢之意义，固不仅限于为国捐躯慷慨赴义之士，凡作一事，能排万难而达其目的者，皆可谓之勇。科学之事，困难最多。如古来科学家，往往因试验科学致丧其性命，如南北极及海底探险之类。又如新发明之学理，有与旧传之说不相容者，往往遭社会之迫害，如哥白尼、贾利来之惨祸。可见研究学问，亦非有勇敢性质不可；而勇敢性质，即可于科学中养成之。大抵勇敢性质有二：其一，发明新理之时，排去种种之困难阻碍；其二，既发明之后，敢于持论，不惧世俗之非笑。凡此二端，均由科学所养成。

再次“爱”。爱之范围有大小。在野蛮时代，仅知爱自己及与己最接近者，如家庭之类。此外稍远者，辄生嫌忌之心。故食人之举，往往有焉。其后人智稍进，爱之范围渐扩，然犹不能举人我之见而悉除之。如今日欧洲大战，无论协约方面，或德奥方面，均是己非人，互相仇视，欲求其爱之溥及甚难。独至于学术方面则不然：一视同仁，无分畛域；平日虽属敌国，及至论学之时，苟所言中理，无有不降心相从者。可知学术之域内，其爱最溥。又人类嫉妒之心最盛，入主出奴，互为门户。然此亦仅限于文学耳；若科学，则均由实验及推理所得惟一真理，不容以私见变易一切。是故嫉妒之技无所施，而爱心容易养成焉。

以上所述，仅就力行校训一条引申其义。再阅简章，有“静坐”一项。此法本自道家传来。佛氏之坐禅，亦属此类。然历年既久，卒未普及社会；至今日日本之提倡此道者，纯以科学之理解释之。吾国如蒋竹庄先生亦然，所以信从者多，不移时而遍于各地。此一修养之有赖于科学者也。

又如“不饮酒、不吸烟”二项，亦非得科学之助力不易使人服行。盖烟酒之嗜好，本由人无正当之娱乐，不得已用之以为消遣之具，积久遂成痼疾。至今日科学发达，娱乐之具日多，自不事此无益之消遣。如科学之问题，往往使人兴味加增，故不感疲劳而烟酒自无用矣。

今日所述，仅感想所及，约略陈之。惟宜注意者，鄙人非谓学生于正课科学之外，不必有特别之修养，不过正课之中，亦不妨兼事修养，俾修养之功，随时随地均能用力，久久纯熟，则遇事自不致措置失宜矣。

（据1919年4月24日《北京大学日刊》）

# 在北京高等师范学校《教育与社会》杂志社讲演词

（1920年4月15日）

前几天看到贵校办的图书阅览所和通俗讲演所，我就觉到这是受杜威先生学说的影响。今天开成立会的《教育与社会》杂志社，想必亦是受着杜威先生的影响，因为他的教育主义即在学校和社会打成一片。方才杜先生所讲的，本他平日所主张的实验主义，事事从脚踏实地做去，很可以供诸君的参考。我是无话可说，只有把老生常谈再谈一回。

贵杂志的宗旨，是改造社会，先改造教育。照此看来，定是现在教育不行，才去改造的。但是现在教育不行之点是什么呢？依我看来，现在教育不脱科举时代之精神。科举时代的教育，不过得一个便利机会，养成一己的才具，此外都不管了。改立学校以后，一般人对于学校的观念，仍复如此。教育既无改革，社会上一切事业，都是一仍旧贯。因此这种教育不能不改造的。

从“改造教育去改造社会”这句话而论，有两种解说。第一改造教育，以改造将来社会。就是学校里养成一种人才，将来进社会做事。比如现在的国民学校的学生，预备将来做国民；现在的师范生，将来做教师；诸如此类，不必遍举。第二改造教育同时改造社会，就是学生或教员一方面讲学问，一方面效力社会。以前教育，注重第一层，做教员的专门教书，学生专门念书。这几年来尤以去年五月到现在为最，趋重到第二层。学校教育同时影响到社会。杜威先生的教育主张，就是如此。现在各学校创立平民学校、讲演所等等，都是学生在校即效力社会的表现。

从教育着手，去改造社会，改造之点，繁不胜举。但是简单说来，可以归到教育调查会定的两句话“养成健全人格，提倡共和精神”。社会的各分子都具有健全人格，此外复有何求？所以第二句话离不了第一句话。所谓健全人格，分为德育、体育、知育、美育四项。换言之，和自由、平等、博爱的意思亦相契合的。都能自由平等，都能博爱互助，共和精神亦发展了。

现在社会上不自由，有两种缘故：一种人不许别人自由，自己有所凭借，剥夺别人自由，因此有奴隶制度、阶级制度；

又有一种人甘心不自由，自己被人束缚，不以为束缚，甘心忍受束缚。这种甘心不自由的人，自己得不到自由，而且最喜剥夺别人自由，压制别人自由，所以不能博爱，不能互助，因此社会上亦不平等不安稳了！倘能全国人都想自由：一方面自己爱自由，一方面助人爱自由，那么国事决不至于如此！要培养爱自由、好平等、尚博爱的人，在教育上不可不注重发展个性和涵养同情心两点。

论到发展个性一层，现在学校中行分年级制度，不论个性如何，总使读满几年，方能毕业，很不适当。因此有人訾学校不如书塾书院。最显而易见的就是国文。我人虽可反驳訾者说学校中科目太多，且教法亦不同。但学校确有不及书院之点。我们知道以前书院院长，或擅长文学，从其学者，能文者辈出；或长经学与小学，从其学者，莫不感化。因为院长以此为毕生事业，院内尚自由研究，故能自由发展。现在学校内科目繁多，无研究余地。所以有人竭力提倡废止年级制，行选科制。又有人如胡适之先生，提倡纯粹自由学校，无一定校所，无上课形式，欲学某科，找得精于某科者为导师，由导师指定数种书籍，自由研究，质疑问难而已。我想这样办法，比现行年级制、划一制可以发展个性。

同情心就是看到别人感受的事情，和自己的一样，彼此休戚相关，互相谅解。所以现行考试制度，最与此点背驰。为争名次之高下、分数之多寡，使同情心日减，嫉妒心大增。同学之间，不肯相互研究。竟有得一参考书籍，秘不告人，以为惟我独知，可以夺得第一，可笑之至。这种考试制度，受科举余毒，有碍同情心，应得改良的。又如体育，本属很平常之事，应有健全之体格，方能从事各种事业，苟能了解此点，无不乐为的。乃竟盛行比赛运动，以为奖励体育，养成抑人我胜之观念，并且造成运动员阶级。这都是抑却同情心的。所以自去年到现在，学生运动，在一校内，往往发生冲突。如甲揭条示攻乙，乙揭条示讦丙。又如此地学生，责备彼地学生，不能援助，彼地学生亦然。其实向同一目的去运动，正宜互相了解，发生同情。攻讦责备，都是无谓。因此可见学校中涵养同情心一层，尚欠注意。

教育改造之点很多，我以为上述二层，发展个性，涵养同情心，要更加注意。

（据1920年4月15日《教育与社会》第1卷第1号）

# 教育独立议

（1922年3月）

教育是帮助被教育的人，给他能发展自己的能力，完成他的人格，于人类文化上能尽一分子的责任；不是把被教育的人，造成一种特别器具，给抱有他种目的的人去应用的。所以，教育事业当完全交与教育家，保有独立的资格，毫不受各派政党或各派教会的影响。

教育是要个性与群性平均发达的。政党是要制造一种特别的群性，抹杀个性。例如，鼓励人民亲善某国，仇视某国；或用甲民族的文化，去同化乙民族。今日的政党，往往有此等政策，若参入教育，便是大害。教育是求远效的，政党的政策是求近功的。中国古书说："一年之计树谷；十年之计树木；百年之计树人。"可见教育的成效，不是一时能达到的。政党不能掌握政权，往往不出数年，便要更迭。若把教育权也交与政党，两党更迭的时候，教育方针也要跟着改变，教育就没有成效了。所以，教育事业不可不超然于各派政党以外。

教育是进步的：凡有学术，总是后胜于前，因为后人凭着前人的成绩，更加一番功夫，自然更进一步。教会是保守的：无论什么样尊重科学，一到《圣经》的成语，便绝对不许批评，便是加了一个限制。教育是公同的：英国的学生，可以读阿拉伯人所作的文学，印度的学生，可以用德国人所造的仪器，都没有什么界限。教会是差别的：基督教与回教不同；回教又与佛教不同。不但这样，基督教里面，天主教与耶稣教又不同。不但这样，耶稣教里面，又有长老会、浸礼会、美以美会，等等派别的不同。彼此谁真谁伪，永远没有定论，只好让成年的人自由选择。所以各国宪法中，都有"信仰自由"一条。若是把教育权交与教会，便恐不能绝对自由。所以，教育事业不可不超然于各派教会以外。

但是，什么样可以实行超然的教育呢？鄙人拟一个办法如下。

分全国为若干大学区，每区立一大学；凡中等以上各种专门学术，都可以设在大学里面，一区以内的中小学校教育，与学校以外的社会教育，如通信教授、演讲团、体育会、图书馆、博物院、音乐、演剧、影戏……与其他成年教育、盲哑教育等等，都由大学办理。

大学的事务，都由大学教授所组织的教育委员会主持。大学校长，也由委员会举出。

由各大学校长，组织高等教育会议，办理各大学区互相关系的事务。

教育部，专办理高等教育会议所议决事务之关系于中央政府者，及其他全国教育统计与报告等事，不得干涉各大学区事务。教育总长必经高等教育会议承认，不受政党内阁更迭的影响。

大学中不必设神学科，但于哲学科中设宗教史、比较宗教学等。

各学校中，均不得有宣传教义的课程，不得举行祈祷式。

以传教为业的人，不必参与教育事业。

各区教育经费，都从本区中抽税充用。较为贫乏的区，经高等教育会议议决后，得由中央政府拨国家税补助。

注：

分大学区与大学兼办中小学校的事，用法国制。

大学可包括各种专门学术，不必如法、德等国别设高等专门学校，用美国制。

大学兼任社会教育，用美国制。

大学校长，由教授公举，用德国制。

大学不设神学科，学校不得宣传教义，与教士不得参与教育，均用法国制。瑞士亦已提议。

抽教育税，用美国制。

（据蔡元培手稿）

## 《社会学方法论》序

（1924年11月10日）

我们中国，地大物博，民族很复杂，历虫很悠久，占有无量数的材料，可以贡献于科学界。独惜古代学者于纯粹客观的方法，发现颇少；所以他们虽未尝不尽力于观察，记录的工作，而总不能把此等无量数的材料，化为有条理，有系统的知识，就不能产生科学。

我们现在既窥见欧洲科学的完备，自然不能不竭力介绍；但是介绍他们科学的结论，决不如介绍科学的方法为重要；因为得了结论，不过趁他人的现成；得了方法，才可以引起研究的兴趣。从前有个小说家，说仙人吕洞宾，遇一贫士，就用指点一石成金，要赠给他；贫士不要这块金，而要他点石成金的手指。科学结论，是点成的金，量终有限；科学方法，是点石的指，可以产无穷的金。这可以看出方法论的重要了。

但是各种方法论，在自然科学上，都早经论定，就是有点出入，也不很多。在社会科学上，因为对象较为变动，科学的成立也较晚，所以研究的方法，也还多争论。这里边最新成立的社会学，争论尤多。这一种科学，是法国近代实证哲学家孔德氏所创立的，但孔德氏虽提倡实证主义，而他的社会学，却用他的“人类在时间里进步”的理想作前提，并不完全靠实验的结果作为证据，而始成结论；所以后继者涂尔干氏虽绍述他的实证主义，而对于他的社会学方法，却不能表示满意。涂尔干氏不但不满意于孔德的方法，就是英国斯宾塞氏以社会为源于消费协合的结论，在他看起来也还是成见。并且他对于买石亚非的自然说，与卢梭、霍布士的强制说，道德学上义务、善行、正义等标准，经济学上的供求律，都认为未经实验以前的理想。对于加答非洛的犯罪学，与意大利派把“非物质”的现象附隶于社会现象，认为不合于社会现象的界说。对于穆勒“实验方法不合于社会学之用”的判断，尤认为不合论理。总说一句，他是认定社会现象是超乎生物学、心理学的种种现象而自成系统，且非完全用客观的实验方法不可。所以他提出社会学三种特性:第一，离哲学而独立；第二，完全用客观的方法而认社会现象是件事，要研究他，就要把他当作是件事；第三，不当是通常的事，而特别的当他是社会的事。他要很严格地表现这些特性，所以不能满意于前时或同时的各家所用的方法。

但是社会现象，照他所定的界说上看起来，也是复杂的了不得。所以他曾说：“社会事物万千，欲把这万千事物，详览无遗，不特此种表册，不能以人力造作；即使能使人力造作，也不能就认为可靠；且即使能造作，不特有取其事实之渺而小者，而遗其事实之大而要者的弊病；恐怕就是他所认为知道之渺而小者，也未必尽然真能懂得他。”所以通常科学上所用的剩余方法，相同方法、相异方法，若照样的用在社会学上，还觉得不满足。那么，他主张用纯粹客观的方法。用什么方法呢?他就创造了一种共变方法。共变方法，是选取几件可靠的事实来研究，若两种事实，甲变而乙亦与之俱变，就可以说获得事物的公例。这真得执简御繁的巧法，而且甚便于分别研求。这在社会学上可以算空前的发现。他在他的社会分工论上，曾经说明这一种方法。在社会学年报上，也陆续把他与他的同志所研究的成绩，报告出来。而专门表示此种方法与说明所以必用此种方法的理由，就以这部社会学方法为最切要。若把他介绍到我国，我们就按照他所说的程序，先取材于单独社会中的事，就是本国的社会现象；次取材于同种而异社会中的事，就是本国与日本、暹罗等的社会现象之比较；次取材于异种而异社会中的事，就是本国与欧美的社会现象之比较；不知道可以研究出多少事物公例，可以贡献于世界社会学家的。

大约他这一部书，在法国研究社会学的，都曾读过，但是肯译的还没有。吾友许君德珩在国立北京大学哲学系毕业后，来法研究，已历五年，虽然经济状况常常给他困难，而他的刻苦用功，积久不懈，每日用功时间，总在十点钟左右，为留欧同学中所仅见。他所专研的是社会学，于各派的学说，都经涉猎，而尤服膺于涂尔干的学说。特于课余，译述此书。他的译法，精审忠实，在他自记的译例上，可以看得出来。我曾经用原书检对一过，觉得他的译文，不但当得起“信”“达”两个字，而且有几处，因为原书颇涉晦涩，经他加以解释与例证，觉得比读原书更容易了解。我认为近年来最有价值的译本，谨为郑重介绍。

蔡元培　十三年十一月十日　巴黎

（据涂尔干著，许德珩译《社会学方法论》，

1925年商务印书馆出版）

# 大学教育

（1930年）

大学教育者，学生于中学毕业以后，所受更进一级之教育也。其科目为文、理、神学、法、医、药、农、工、商、师范、音乐、美术、陆海军等。前五者自神学以外，为各国大学所公有。惟旧制合文、理为一科，而名为哲学，现今德语诸国，尚仍用之。农、工、商以下各科，多独立而为专门学校，如法国之国立美术专门学校（Ecole Nationale et Speciale des Beaux Arts）之类；亦或谓之高等学校，如德国之理工高等学校（Technische Hochschuele）之类；或仅称学校，如法国百工学校（Ecole Polytechnique）之类；或单称学院，如法国巴士特学院（L' institut Pasteur）之类。用大学教育之广义，则可以包括之。我国旧仿日本制，于大学以下，有一种专门学校，如农业专门学校、医学专门学校之类。虽程度较低，年限较短，然既为中等学校以上之教育，不妨列诸大学教育之内。惟旧式之高等学校，后改为大学预科，而新制编入高级中学者，则当属于中学之范围，而于大学无关焉。

吾国历史上本有一种大学，通称太学，最早谓之上庠，谓之辟雍，最后谓之国子监。其用意与今之大学相类，有学生，有教官，有学科，有积分之法，有入学资格，有学位，其组织亦颇似今之大学。然最近时期，所谓国子监者，早已有名无实。故吾国今日之大学，乃直取欧洲大学之制而模仿之，并不自古之太学演化而成也。

欧洲大学，在拉丁原名，本为教者与学者之总会（Universitas Magistrorum et Scholarium），其后演而为知识之总汇（Universitas Litterarum），而此后各国大学即取其总义为名。欧洲最早之大学，为十二、十三世纪间，在意大利、法兰西、西班牙诸国所设者；十四世纪以后，盛行于德语诸国，即专设神学、法学、医学、哲学四科者是也。其初注重应用，几以哲学为前三科之预科。及科学与文哲之学各别发展，具有独立资格，遂演化而为文、理两科。然德语诸国，为哲学一科如故也。拿破仑时代，曾以神学、法学、医学，为养成教士、法吏、医生之所，因指文理科为养成中学以上教员之所。各国虽不必皆有此种明文，而事实上自然有此趋势。所以各国皆于中学校以外，设师范学校，以养成小学教员；而于大学外，特设高等师范学校，以养成中学教员者，不多见也。法国于革命时，曾解散大学为各种专门学校；但其后又集合之而组为大学，均不设神学科，而另设药科；惟新自德国争回史太师埠之大学，有天主教与耶稣教之神学科各一，为例外耳。法国分全国为十七大学区，大学总长兼该区教育厅长，不特为大学内部之行政长，而一区以内中、小学校及其他一切教育行政，皆受其统辖焉。其保留中古时代教者与学者总会之旧制者，为英国之牛津、剑桥两大学。牛津由二十精舍（College）组成，剑桥由十七精舍组成。每一精舍，均为教员与学生共同生活之所。每一教员为若干学生之导师，示以为学之次第而监督之。学生于求学以外，尤须努力于交际与运动，以为养成绅士资格之训练。

大学教员有教授、额外教授与讲师等，以一定时间，在教室讲授学理。其为实地练习者，有研究所、实验室、病院等。研究所（Seminar或作Institute）大抵为文、法等科而设，备有图书及其他必要之参考品。本为高等学生练习课程之机关，故常有一种课程，由教员指定条目，举出参考书，令学生同时研究，而分期报告，以资讨论。亦或指定名著，分段研讨，与讲义相辅而行。而教员与毕业生之有志研究学术者，亦即在研究所用功。如古物学、历史学、美术史等研究所，间亦附有陈列所，与地质学、生物学等陈列所相等，不但供本校师生之考察，且亦定期公开，以便校外人参观。至于较大之建设，如植物院，动物院，天文台，美术、历史、自然史、民族学等博物院，则恒由国立或市立，而大学师生有特别利用之权。实验室大抵为理科及农、工、医等科而设；然文科之心理学、教育学、美学、言语学等，亦渐渐有实验室之需要。病院为医科而设，一方面为病人施治疗，一方面即为学生实习之所也。此外，则图书馆亦为大学最要之设备。

欧洲各国大学，自牛津、剑桥而外，其中心点皆在智育。对于学生平日之行动，学校不复干涉，亦不为学生设寄宿舍。大学生自经严格的中学教育以后，多能自治，学校不妨放任也。惟中古时代学生组合之遗风，演存于德语诸国者，尚有一种学生会。每一学生会，各有其特别之服装与徽章，遇学校典礼，如开学式、纪念会等，各会之学生，盛装驱车，招摇过市，而集于大学之礼堂，参与仪式焉。平日低年级学生有服役于高级生之义务，时时高会豪饮，又相与练习击剑之术。有时甲会与乙会有睚眦之怨，则相约而斗剑，非劈面流血不止。此等私斗之举，为警章所禁；而政府以其有尚武爱国之寓意，则故放任之，与牛津、剑桥之注重运动者同意也。然大学人数较多者，一部分学生，或以家贫，不能供入会费用；或以思想自由，不愿作无意识举动，则不入中古式之学生会，而有自由学生之号。所组织者，率为研究学术与服务社会之团体。大学生注重体育，为各国通例；美国大学，且有一部分学生，特受军事教育者，不特卫生道德，受其影响，而且为他日捍卫国家之准备。吾国各大学，近年于各种体育设备以外，又有学生军之组织，亦此意也。

大学有给予学位之权。德语诸国，仅有博士一级（Doktor）。学生非研究有得，提出论文，经本科教员认可，而又经过主课一种、副课两种之口试，完全通过者，不能得博士学位，即不能毕业。英语诸国，则有三级：第一学士（Bachelor of Arts），第二硕士（Master of Arts），第三博士。法国亦于博士以前有学士（La Licence）一级。大学又得以博士名义赠与世界著名学者，或国际上有特别关系之人物。

大学初设，惟有男生。其后虽间收女生，而入学之资格，学位之授予，均有严格制限。偶有特设女子大学者，程度亦较低。近年男女平权之理论，逐渐推行，女子求入大学者，人数渐多；于是男女同入大学及同得学位之待遇，遂通行于各国。

大学行政自由之程度，各国不同。法国教育权，集中于政府；大学皆国立，校长由政府任命之。英、美各国，大学多私立，经济权操于董事会，校长由董事会延聘之。德国各大学，或国立，或市立，而其行政权集中于大学之评议会。评议会由校长、大学法官、各科学长与一部分教授组成之。校长及学长，由评议会选举，一年一任。凡愿任大学教员者，于毕业大学而得博士学位后，继续研究；提出论文，经专门教授认可后，复在教授会受各有关系学科诸教授之质问，皆通过；又为公开讲演一次，始得为讲师。其后以著作与名誉之增进，值一时机，进而为额外教授，又递进而为教授，纯属大学内部之条件也。

大学以思想自由为原则。在中古时代，大学教科受教会干涉，教员不得以违禁书籍授学生。近代思想自由之公例，既被公认，能完全实现之者，厥惟大学。大学教员所发表之思想，不但不受任何宗教或政党之拘束，亦不受任何著名学者之牵掣。苟其确有所见，而言之成理，则虽在一校中，两相反对之学说，不妨同时并行，而一任学生之比较而选择，此大学之所以为大也。大学自然为教授、学生而设，然演讲既深，已成为教员与学生共同研究之机关。所以一种讲义，听者或数百人以至千余人；而别有一种讲义，听者或仅数人。在学术上之价值，初不以是为轩轾也。如讲座及研究所之设备，既已成立，则虽无一学生，而教员自行研究，以其所得，贡献于世界，不必以学生之有无为作辍也。

受大学教育者，亦不必以大学生为限。各大学均有收旁听生之例，不问预备程度，听其选择自由。又有一种公开讲演，或许校外人与学生同听，或专为校外人而设，务与普通服务之时间不相冲突。此所以谋大学教育之普及也。

（据1930年商务印书馆出版的《教育大辞书》）

# 我的读书经验

（1935年4月10日）

我自十余岁起，就开始读书；读到现在，将满六十年了，中间除大病或其他特别原因外，几乎没有一日不读点书的，然而我没有什么成就，这是读书不得法的缘故。我把不得法的概略写出来，可以作前车之鉴。

我的不得法，第一是不能专心。我初读书的时候，读的都是旧书，不外乎考据、词章两类。我的嗜好，在考据方面，是偏于诂训及哲理的，对于典章名物，是不大耐烦的；在词章上，是偏于散文的，对于骈文及诗词，是不大热心的。然而以一物不知为耻，种种都读；并且算学书也读，医学书也读，都没有读通。所以我曾经想编一部《说文声系义证》，又想编一本《公羊春秋大义》，都没有成书。所为文辞，不但骈文诗词，没有一首可存的，就是散文也太平凡了。到了四十岁以后，我始学德文，后来又学法文，我都没有好好儿做那记生字、练文法的苦工，而就是生吞活剥的看书，所以至今不能写一篇合格的文章，作一回短期的演说。在德国进大学听讲以后，哲学史、文学史、文明史、心理学、美学、美术史、民族学，统统去听，那时候，这几类的参考书，也就乱读起来了。后来虽勉自收缩，以美学与美术史为主，辅以民族学；然而这类的书终不能割爱，所以想译一本美学，想编一部比较的民族学，也都没有成书。

我的不得法，第二是不能勤笔。我的读书，本来抱一种利己主义，就是书里面的短处，我不大去搜寻他，我止注意于我所认为有用的或可爱的材料。这本来不算坏。但是我的坏处，就是我虽读的时候注意于这几点，但往往为速读起见，无暇把这几点摘抄出来，或在书上做一点特别的记号。若是有时候想起来，除了德文书检目特详，尚易检寻外，其他的书，几乎不容易寻到了。我国现在有人编“索引”“引得”，等等。又专门的辞典，也逐渐增加，寻检较易。但各人有各自的注意点，普通的检目，断不能如自己记别的方便。我尝见胡适之先生有一个时期，出门常常携一两本线装书，在舟车上或其他忙里偷闲时翻阅，见到有用的材料，就折角或以铅笔作记号。我想他回家后或者尚有摘抄的手续。我记得有一部笔记，说王渔洋读书时，遇有新隽的典故或词句，就用纸条抄出，贴在书斋壁上，时时览读，熟了就揭去，换上新得的。所以他记得很多。这虽是文学上的把戏，但科学上何尝不可以仿作呢？我因为从来懒得动笔，所以没有成就。

我的读书的短处，我已经经验了许多的不方便，特地写出来，望读者鉴于我的短处，第一能专心，第二能勤笔。这一定有许多成效。

（据1935年4月10日《文化建设》第1卷第7期）

# 关于读经问题

（1935年5月10日）

读经问题，是现在有些人主张：自小学起，凡学生都应在十三经中选出一部或一部以上作为读本的问题。为大学国文系的学生讲一点《诗经》，为历史系的学生讲一点《书经》与《春秋》，为哲学系的学生讲一点《论语》《孟子》《易传》与《礼记》，是可以赞成的。为中学生选几篇经传的文章，编入文言文读本，也是可以赞成的。若要小学生也读一点经，我觉得不妥当，认为无益而有损。

在主张读经的人，一定为经中有很好的格言，可以终身应用，所以要读熟他。但是有用的格言，我们可以用别种方式发挥他，不一定要用原文，例如《论语》说"恕"字，是"己所不欲，勿施于人"。又说是"我不欲人之加诸我也，我亦欲无加诸人"。在《礼记·中庸》篇说是"施诸己而不愿，亦勿施诸人”。在《大学》篇说是“絜矩之道：所恶于上，毋以使下；所恶于下，毋以事上；所恶于前，毋以先后；所恶于后，毋以从前；所恶于右，毋以交于左；所恶于左，毋以交于右”。在《孟子》说“爱人者人恒爱之；敬人者人恒敬之”。又说“杀人之父，人亦杀其父；杀人之兄，人亦杀其兄”。这当然都是颠扑不破的格言，但太抽象了，儿童不容易领会。我们若用“并坐不横肱”等具体事件，或用“狐以盘饷鹤，鹤以瓶饷狐”等寓言证明这种理论，反能引起兴趣。又如《论语》说“志士仁人，有杀身以成仁，无求生以害仁”。《孟子》说“生，我所欲也；义，亦我所欲也，二者不可得兼，舍生而取义者也”。也说得斩钉截铁的样子，但是同儿童说明，甚难了解。我们要是借黄花岗七十二烈士或其他先烈的传记来证明，就比较的有意思了。所以我认为呆读经文，没有多大益处。在司马迁《史记》里面，引《书经》的话，已经用翻译法，为什么我们这个时代还要小孩子读经书原文呢？

经书里面，有许多不合于现代事实的话，在古人们处他们的时代，不能怪他；若用以教现代的儿童，就不相宜了。例如尊君卑臣、尊男卑女一类的话。又每一部中总有后代人不容易了解的话，《论语》是最平易近人的，然而“凤鸟不至”“子见南子”“色斯举矣”等章，古今成年人都解释不明白，要叫小孩子们硬读，不怕窒碍他们的脑力么？《易经》全部，都是吉、凶、悔、吝等信仰卜筮的话，一展卷就说“潜龙”“飞龙”。《诗经》是“国风好色”“小雅怨诽”，在成人或可体会那不淫不乱的界限，怎样同儿童讲明呢？一开卷就是“窈窕淑女，君子好逑”。《牡丹亭》曲本里的杜丽娘，就因此而引起伤春病，虽是寓言，却实有可以注意的地方。所以我认为小学生读经，是有害的，中学生读整部的经，也是有害的。

（据1935年5月《教育杂志》第25卷第5号）

# 文化篇

大学院院长时期的蔡元培先生

# 文明之消化

（1916年8月15日）

凡生物之异于无生物者，其例证颇多，而最著之端，则为消化作用。消化者，吸收外界适当之食料而制炼之，使类化为本身之分子，以助其发达。此自微生物以至人类所同具之作用也。

人类之消化作用，不惟在物质界，亦在精神界。一人然，民族亦然。希腊民族吸收埃及、腓尼基诸古国之文明而消化之，是以有希腊之文明；高尔、日耳曼诸族吸收希腊、罗马及阿拉伯之文明而消化之，是以有今日欧洲诸国之文明。吾国古代文明，有源出巴比仑之说，迄今尚未证实；汉以后，天方、大秦之文物，稍稍输入矣，而影响不著；其最著者，为印度之文明。汉季，接触之时代也；自晋至唐，吸收之时代也；宋，消化之时代也。吾族之哲学、文学及美术，得此而放一异彩。

自元以来，与欧洲文明相接触，逾六百年矣，而未尝大有所吸收，如球茎之植物、冬蛰之动物，恃素所贮蓄者以自赡。日趣羸瘠，亦固其所。至于今日，始有吸收欧洲文明之机会，而当其冲者，实为我寓欧之同人。

吸收者，消化之预备。必择其可以消化者而始吸收之。食肉者弃其骨，食果者弃其核，未有浑沦而吞之者也。印度文明之输入也，其滋养果实为哲理，而埋蕴于宗教臭味之中。吸收者浑沦而吞之，致酿成消化不良之疾。钩稽哲理，如有宋诸儒，既不免拘牵门户之成见；而普通社会，为宗教臭味所熏习，迷信滋彰，至今为梗。欧洲文明，以学术为中坚，本视印度为复杂；而附属品之不可消化者，亦随而多歧。政潮之排荡，金力之劫持，宗教之拘忌，率皆为思想自由之障碍。使皆浑沦而吞之，则他日消化不良之弊，将视印度文明为尤甚。审慎于吸收之始，毋为消化时代之障碍。此吾侪所当注意者也。

且既有吸收，即有消化，初不必别有所期待。例如晋唐之间，虽为吸收印度文明时代，而其时“庄”“易”之演讲，建筑图画之革新，固已显其消化之能力，否则其吸收作用，必不能如是之博大也。今之于欧洲文明，何独不然？向使吾侪见彼此习俗之殊别，而不能推见其共通之公理，震新旧思想之冲突，而不能预为根本之调和，则臭味差池，即使强饮强食，其亦将出而哇之耳！当吸收之始，即参以消化之作用，俾得减吸收时代之阻力，此亦吾人不可不注意者也。

（据1917年2月15日《东方杂志》第14卷第2号）

# 《学风》杂志发刊词

（1914年夏）

今之时代，其全世界大交通之时代乎？昔者，吾人以我国为天下，而西方人亦以欧洲为世界。今也，轸域渐化，吾人既已认有所谓西方之文明，而彼西方人者，虽以吾国势之弱，习俗之殊特，相与鄙夷之，而不能不承认为世界之一分子。有一世界博览会焉，吾国之制作品必与列焉；有大学焉，苟其力足以包罗世界之学术，则吾国之语文、历史，恒列为一科焉；有大藏书楼焉，苟其不以本国之文字为限，则吾国之图籍，恒有存焉；有博物院焉，苟其宗旨在于集殊方之珍异，揭人类之真相，则吾国之美术品或非美术品，必在所搜罗焉。此全世界大交通之证也。

虽然，全世界之交通，非徒以国为单位，为国际间之交涉而已。在一方面，吾人不失其为家庭或民族或国家之一分子；

而他方面则又将不为此等种种关系所囿域，与一切人类各立于世界一分子之地位，通力合作，增进世界之文化。此今日稍稍有知识者所公认也。夫全世界之各各分子，所谓通力合作以增进世界之文化者，为何事乎？其事固不胜枚举，而其最完全不受他种社会之囿域，而合于世界主义者，其惟科学与美术乎（科学兼哲学言之）！法与德，世仇也，哲学、文学之书，互相传译，音乐、图画之属，互相推重焉。犹太人，基督教国民所贱视也，远之若斯宾诺莎之哲学、哈纳之诗篇，近之若爱里希之医学、布格逊之玄学，群焉推之，其他犹太人之积学而主讲座于各国大学者，指不胜屈焉。波兰人，亡国之民也，远之若哥白尼之天文学、米开维之文学，近之若居梅礼之化学，推服者无异词焉。而近今之以文学著者尚多，未闻有外视之者。东方各国，欧洲人素所歧视也，然而法国罗科科时代之美术，参中国风，评鉴者公认之。意大利十六世纪之名画，多衬远景于人物之后，有参用中国宋元之笔意者，孟德堡言之。二十年来欧洲之国画受影响于日本，而抒情诗则受影响于中国，尤以李太白之诗为甚，野该述之。欧洲十八世纪之惟物哲学，受中国自然教之影响也，十九世纪之厌世哲学，受印度宗教之影响也，柏鲁孙言之。欧洲也，印度也，中国也，其哲学思想之与真理也，以算学喻之，犹三座标之同系于一中心点也，加察林演说之。其平心言之如此，故曰：科学、美术，完全世界主义也。

方今全世界之人口，号千五百兆而弱，而中国人口号四百兆而强，占四分之一有奇。其所居之地，则于全球陆地五千五百万方里中占有四百余万方里，占十四分之一。其地产之丰腴，气候之调适，风景之优秀而雄奇，其历史之悠久，社会之复杂，古代学艺之足以为根柢，其可以贡献于世界之科学、美术者何限？吾人试扪心而自问，其果有所贡献否？彼欧洲人所谓某学某术受中国之影响者，皆中国古代之学术，非吾人所可引以解嘲者也。且正惟吾侪之祖先在交通较隘之时期，其所作述尚能影响于今之世界，历千百年之遗传以底于吾人，乃仅仅求如千百年以前所尽之责任而尚不可得，吾人之无以对世界，伊于胡底耶？且使吾人姑退一步，不遽责以如彼欧人能扩其学术势力于生活地盘之外，仅即吾人生活之地盘而核其学术之程度，则吾人益将无地以自容。例如中国之地质，吾人未之测绘也，而德人李希和为之；中国之宗教，吾人未之博考也，而荷兰人格罗为之；中国之古物，吾人未能为有系统之研究也，而法人沙望、英人劳斐为之；中国之美术史，吾人未之试为也，而英人布绥尔爱锉、法人白罗克、德人孟德堡为之；中国古代之饰文，吾人未之疏证也，而德人贺斯曼及瑞士人谟脱为之；中国之地理，吾人未能准科学之律贯以记录之也，而法人若可侣为之；西藏之地理风俗及古物，吾人未之详考也，而瑞典人海丁竭二十余年之力，考察而记录之；辛亥之革命，吾人尚未有原原本本之纪述也，法人法什乃为之。其他若世界地理、通世界史、世界文明史、世界文学史、世界哲学史，莫不有中国一部分焉。庖人不治庖，尸祝越俎而代之，使吾人而尚自命为世界之分子者，宁得不自愧乎？

吾人徒自愧，无补也。无已，则亟谋所以自尽其责任之道而已。人亦有言，先秦时代，吾人之学术，较之欧洲诸国今日之所流行，业已具体而微，老庄之道学，非哲学乎？儒家之言道德，非伦理学乎？荀卿之正名，墨子之《大取》《小取》，以及名家者流，非今之论理学乎？墨子之《经说》，非今之物理学乎？《尔雅》《本草》，非今之博物学、药物学乎？《乐记》之言音律，《考工记》之言笋簴，不犹今之所谓美学乎？宋人刻象为楮叶，三年而后成，乱之楮叶之中而不可辨也，不犹今之雕刻乎？周客画策筑十版之墙，凿八尺之牖，以日始出时加之其上而观之，尽成龙蛇禽兽，车马万物之状备具，不犹今之所谓油画乎？归而求之有余师，闭门造车，出门合辙，吾侪其以复古相号召可矣，奚以轻家鸡、宝野鹜、行万里路而游学为？

虽然，西人之学术，所以达今日之程度者，自希腊以来，固已积二千余年之进步而后得之。吾先秦之文化，无以远过于希腊，当亦吾同胞之所认许也。吾与彼分道而驰，既二千余年矣，而始有羡于彼等所达之一境，则循自然公例，取最短之途径以达之可也。乃曰吾必舍此捷径，以二千余年前之所诣为发足点，而奔轶绝尘以追之，则无论彼我速率之比较如何，苟使由是而彼我果有同等之一日，我等无益于世界之耗费，已非巧历所能计矣。不观日本之步趋欧化乎？彼固取最短之径者也。行之且五十年，未敢曰与欧人达同等之地位也。然则吾即取最短之径以往，犹惧不及，其又堪迂道焉！且不观欧洲诸国之互相师法乎？彼其学术，固不失为对等矣，而学术之交通有加无已。一国之学者有新发明焉，他国之学术杂志，竞起而介绍之；有一学术之讨论会焉，各国之学者，相聚而讨论之。本国之高等教育既有完备之建设，而游学于各国者实繁有徒。检法国本学期大学生统计，外国留学者：德国二百四十人，英国二百十四人，意大利百五十四人，奥匈百三十五人，瑞士八十六人，俄国三千一百七十六人，北美合众国五十四人。又观德国本学期大学生统计，外国留学者：法国四十人，英国百五十人，意大利三十六人，奥匈八百八十七人，瑞士三百五十四人，俄国二千二百五十二人，北美合众国三百四十八人。其在他种高等专门学校，及仅在大学旁听者，尚不计焉。其他教员学生乘校假而为研究学术之旅行者，尚多有之。法国且设希腊文史学校于雅典，拉丁文史学校于罗马，以为法国青年博士研究古文之所。设美术学校于罗马，俾巴黎美术学校高才生得于其间为高深之研究。学术同等之国，其转益多师也如此，其他则何如乎？故吾人而不认欧洲之学术为有价值也则已耳，苟其认之，则所以急取而直追之者固有其道矣。

或曰：吾人之吸收外界文明也，不自今始，昔者印度之哲学，吾人固以至简易之道得之矣。其高僧之渡来者，吾欢迎之，其经典之流入者，吾翻译之。其间关跋涉亲至天竺者，蔡愔、苏物、法显、玄奘之属，寥寥数人耳。然而汉唐之间，儒家、道家之言，均为佛说所浸入，而建筑、雕塑、图画之术，皆大行印度之风；书家之所挥写，诗人之所讽咏，多与佛学为缘。至于宋代，则名为辟佛，而其学说受佛氏之影响者益以深远，盖佛学之输入我国也至深博，而得之之道则至简易。今日之于欧化，亦若是则已矣。

虽然，欧洲之学术，非可以佛学例之。佛氏之学，非不闳深，然其范围以哲学之理论为限。而欧洲学术，则科目繁多，一科之中，所谓专门研究者，又别为种种之条目。其各条目之所资以研究而参考者，非特不胜其繁，而且非浅尝者之所能卒尔而遂译也。且佛氏之学，其托于语言文字者已有太涉迹象之嫌，而欧洲学术则所资以传习者乃全恃乎实物。最近趋势，即精神科学，亦莫不日倾于实验。仪器之应用，不特理化学也，心理、教育诸科亦用之。实物之示教，不特博物学也，历史、人类诸科亦尚之。实物不足，济以标本；标本不具，济以图画；图画不周，济以表目。内革罗人之歌，以蓄音器传之；罗马之壁画，以幻灯摄之；莎士比亚所演之舞台，以模型表示之。其以具体者补抽象之语言如此。其他陈列所、博物院、图书馆种种参考之所，又复不胜枚举。是皆非我国所有也。吾人即及此时而设备之，亦不知经几何年而始几于同等之完备，又非吾人所敢悬揣也。然则，吾人即欲凭多数之译本以窥欧洲学术，较之游学欧洲者，事倍而功半，固已了然。而况纯粹学术之译本，且求之而不可得耶？然则，吾人而无志于欧洲之学术则已，苟其有志，舍游学以外，无他道也。

且吾人固非不勇于游学者也。十年以前，留学日本者达三万余人。近虽骤减，其数闻尚逾三千人。若留欧之同学，则合各国而计之，尚不及此数三分之一也。岂吾人勇于东渡而怯于西游哉？毋亦学界之通阂，旅费之丰啬，有以致之。日本与我同种同文，两国学者常相与结文字之因缘，而彼国书报之输入，所谓游学指南、旅行案内之属，不知不识之间，早留印象于脑海，一得机会，则乘兴而赴之矣。于欧洲则否。欧人之来吾国而与吾人相习熟者，外交家耳，教士耳，商人耳，学者甚少。即有绩学之士旅行于吾国者，亦非吾人之所注意。故吾人对于欧人之观察，恒以粗鄙近利为口实，以为彼之所长者枪炮耳；继则曰工艺耳，其最高者则曰政治耳。至于道德文章，则殆吾东方之专利品，非西人之所知也。其或不囿于此类之成见，而愿一穷其底蕴，则又以费绌为言。以为欧人生活程度之高，与日本大异，一年旅费非三倍于东游者不可，则又废然而返矣。

方吾等之未来欧洲也，所闻亦犹是耳。至于今日，则对于学海之闳深，不能不为望洋向若之叹。而生活程度，准俭学会之所计画，亦无以大过于日本，未闻不叹息于百闻不如一见之良言也。夫吾人今日之所见，既大殊于曩昔之所闻，则吾国同胞之所闻，其有殊于吾人之所见，可推而知。鹿得苹草，以为美食，则呦呦然相呼而共食之。田父负日之暄而暖，以为人莫知者，则愿举而献之于其君。吾侪既有所见，不能不有以报告于吾国之同胞，吾侪之良心所命令也。以吾侪涉学之浅，更事之不多，欧洲学界之真相，为吾侪所窥见者殆不逮万之一。以日力财力之有限，举吾侪之所窥见，所能报告于同胞者，又殆不逮百之一。然则吾侪之所报告者，不能有几何之价值，吾侪固稔知之。然而吾侪之情决不容以自已。是则吾侪之所以不自惭其弇陋，而有此《学风》杂志之发刊者也。

（据1916年世界社编印的《旅欧教育运动》）

# 在清华学校高等科演说词

（1917年3月29日）

## 两种感想

鄙人今日参观贵校，有两种感想：一为爱国心，一为人道主义。溯贵校之成立，远源于庚子之祸变。吾人对于往时国际交涉之失败，人民排外之蠢动，不禁愧耻，而油然生爱国之心，一也。美国以正义为天下倡，特别退还赔款，为教育人才之用，吾人因感其诚而益信人道主义之终可实现，二也。此二感想，同时涌现于吾心中。夫国家主义与人道主义，初若不相容者，如国家自卫，则不能不有常设之军队。而社会之事业，若交通，若商业，本以致人生之乐利。乃因国界之分，遂反生种种障碍，种种垄断。且以图谋国家生存、国力发展之故，往往不恤以人道为牺牲。欧洲战争，是其著例。吾人对于现在国家之组织，断不能云满意，于是学者倡无政府主义，欲破坏政府之组织，以个人为单位，以人道为指归。国家主义与世界主义之不相容，盖如此矣。而何以在贵校所得之二感想，同时盘旋于吾心中？岂非以今日为两主义过渡之时代，吾人固同具此爱国心与人道观念欤？国家主义与世界主义之过渡，求之事实而可征。今日世界慈善事业，若红十字会等组织，已全泯国界。各国工会之集合，亦以人类为一体。至思想学术，则世界所公，本无国别。凡此皆日趋大同之明证。将来理想之世界，不难推测而知矣。盖道德本有三级：（一）自他两利；（二）虽不利己而不可不利他；（三）绝对利他，且损己亦所不恤。人与人之道德，有主张绝对利他，而今之国际道德，止于自他两利，故吾人不能不同时抱爱国心与人道主义。惟其为两主义过渡之时代，故不能不调剂之，使不相冲突也。

## 对于清华学生之希望

吾人之教育，亦为适应此时代之预备。清华学生，皆欲求高深之学问于国外，对于此将来之学者，尤不能无特别之希望，故更贡数言如下：

一曰发展个性。分工之理，在以己之所长，补人之所短，而人之所长，亦还以补我之所短。故人类分子，决不当尽归于同化，而贵在各能发达其特性。吾国学生游学他国者，不患其科学程度之不若人，患其模仿太过而消亡其特性。所谓特性，即地理、历史、家庭、社会所影响于人之性质者是已。学者言进化最高级为各具我性，次则各具个性。能保我性，则所得于外国之思想、言论、学术，吸收而消化之，尽为“我”之一部，而不为其所同化。否则留德者为国内增加几辈德人，留法者、留英者，为国内增加几辈英人、法人。夫世界上能增加此几辈有学问，有德行之德人、英人、法人，宁不甚善？无如失其我性为可惜也。往者学生出外，深受刺激，其有毅力者，或缘之而益自发愤；其志行稍薄弱者，即弃捐其“我”而同化于外人。所望后之留学者，必须以“我”食而化之，而毋为彼所同化。学业修毕，更遍游数邦，以尽吸收其优点，且发达我特性也。

二曰信仰自由。吾人赴外国后，见其人不但学术政事优于我，即品行风俗亦优于我，求其故而不得，则曰是宗教为之。反观国内，黑暗腐败，不可救疗，则曰是无信仰为之。于是或信从基督教，或以中国不可无宗教，而又不愿自附于耶教，因欲崇孔子为教主，皆不明因果之言也。彼俗化之美，仍由于教育普及，科学发达，法律完备。人人于因果律知之甚明，何者行之而有利，何者行之而有害，辨别之甚析，故多数人率循正轨耳。于宗教何与？至于社会上一部分之黑暗，何国蔑有，不可以观察未周而为悬断也。质言之，道德与宗教，渺不相涉。故行为不能极端自由，而信仰则不可不自由。行为之标准，根于习惯；习惯之中往往有并无善恶是非之可言，而社交上不能不率循之者。苟无必不可循之理由，而故与违反，则将受多数人无谓之嫌忌，而我固有之目的，将因之而不得达。故入境问禁，入国问俗，不能不有所迁就。此行为之不能极端自由也。若夫信仰则属之吾心，与他人毫无影响，初无迁就之必要。昔之宗教，本初民神话创造万物末日审判诸说，不合科学，在今日信者盖寡。而所谓与科学不相冲突之信仰，则不过玄学问题之一假定答语。不得此答话，则此问题终梗于吾心而不快。吾又穷思冥索而不得，则且于宗教哲学之中，择吾所最契合之答语，以相慰藉焉。孔之答语可也，耶之答话可也，其他无量数之宗教家、哲学家之答语亦可也。信仰之为用如此。既为聊相慰藉之一假定答语，吾必取其与我最契合者，则吾之抉择有完全之自由，且亦不能限于现在少数之宗教。故曰，信仰期于自由也。明乎此，则可以勿眩于习闻之宗教说矣。

三曰服役社会。美洲有取缔华工之法律，虽由工价贱，而美工人不能与之竞争，致遭摈斥，亦由我国工人知识太低，行为太劣，而有以自取其咎。唐人街之腐败，久为世所诟病。留学生对于此不幸之同胞，有补救匡正之天职。欧洲留学界已有行之者，如巴黎之俭学会，对于法国招募华工，力持工价与法人平等及工人应受教育之议。俭学会并设一华工学校，授工人以简易国文、算术及法语，又刊《华工杂志》，用白话撰述，别附中法文对照之名词短语，以牖华工之知识。英国留学生亦有同样之事业，其所出杂志，定名《工读》。是皆于求学之暇，为同胞谋幸福者也。美洲华工，其需此种扶助尤急，而商人巨贾，不暇过问，惟待将来之学者急起图之耳。贵校平日对于社会服役，提倡实行，不遗余力，如校役夜课及通俗演讲等，均他校所未尝有。窃望常抱此主义，异日到美后，推行于彼处之华工，则造福宏矣。

（据1920年新潮社编《蔡孑民先生言行录》）

# 东西文化结合

## ——在华盛顿乔治城大学演说词

（1921年6月14日）

当一九一九年九月间国立北京大学行暑假后开学式，请杜威博士演说。彼说“现代学者当为东西文化作媒介，我愿尽一分子之义务，望大学诸同人均尽力此事”云云。此确为现代的重要问题。其中包有两点：（一）以西方文化输入东方；（二）以东方文化传布西方。

综观历史，凡不同的文化互相接触，必能产出一种新文化。如希腊人与埃及及美琐波达米诸国接触，所以产生雅典的文化。罗马人与希腊文化接触，所以产出罗马的文化。撒克逊人、高卢人、日耳曼人与希腊罗马文化接触，所以产出欧美诸国的文化。这不是显著的例证么？就在中国，与印度文化接触后，产出十世纪以后的新文化，也是这样。

东方各国输入西方文化，在最近一世纪内，各方面都很尽力。如日本，如暹罗，传布的很广。中国地大人众，又加以四千余年旧文化的抵抗力，输入作用，尚未普及。但现今各地方都设新式学校，年年派学生到欧美各国留学，翻译欧美学者的著作，都十分尽力。我想十年或二十年后，必能使全国人民都接触欧美文化。

至于西方文化，固然用希伯来的基督教与希腊、罗马的文化为中坚，但文艺中兴时代，受了阿拉伯与中国的影响，已经不少。到近代，几个著名的思想家，几乎没有不受东方哲学的影响的。如Schopenhauer的厌世哲学，是采用印度哲学的。Nietzsche的道德论，是采用阿拉伯古学的。Tolstoy的无抵抗主义，是采用老子哲学的。现代Bergson的直觉论，也是与印度古代哲学有关系的。尤其是此次大战以后，一般思想界，对于旧日机械论的世界观，对于显微镜下专注分析而忘却综合的习惯，对于极端崇拜金钱、崇拜势力的生活观，均深感为不满足。欲更进一步，求一较为美善的世界观、人生观，尚不可得。因而推想彼等所未发见的东方文化，或者有可以应此要求的希望。所以对于东方文化的了解，非常热心。

我此次游历，经欧洲各国，所遇的学者，无不提出此一问题。举其最重要者，如德国哲学家Eucken氏，深愿依Dewey、

Russell的前例，往中国一游。因年逾七十，为其夫人所阻。近请吾友张嘉森（C.S.Chang）译述中国伦理旧说，新著为《中国人的伦理学》一书。法国的数学家Painlevé氏既发起中国学院于巴黎大学，近益遍访深通中国学术的人延任教授。英国的社会学家Wells教授与其同志与我约，由英、华两方面各推举学者数人，组织一互相报告的学术通讯社，互通学术上的消息。欧洲学者热心于了解东方文化，可见一斑了。至于欧洲新派的诗人，崇拜李白及其他中国诗人，欧洲的新派图画家，如Impressionism、Expressionism等，均自称深受中国画的影响，更数见不鲜了。

加以中国学者，近亦鉴于素朴之中国学说或过度欧化的中国哲学译本，均不足以表示东方文化真相于欧美人。现已着手用科学方法整理中国旧籍而翻译之，如吾友胡适的《墨子哲学》，是其中的一种。

照这各方面看起来，东西文化交通的机会已经到了。我们只要大家肯尽力就好。

（据蔡元培手稿）

# 杜威六十岁生日晚餐会致词

（1919年10月20日）

今日是北京教育界四团体公祝杜威博士六十岁生日的晚餐会。我以代表北京大学的资格，得与此会，深为庆幸。我所最先感想的，就是博士与孔子同一生日，这种时间的偶合，在科学上没有什么关系；但正值博士留滞我国的时候，我们发现这相同的一点，我们心理上不能不有特别的感想。

博士不是在我们大学说：现今大学的责任，就该在东西文明作媒人么？又不是说：博士也很愿分负此媒人的责任么？博士的生日，刚是第六十次；孔子的生日，已经过二千四百七十次，就是四十一又十个六十次，新旧的距离很远了。博士的哲学，用十九世纪的科学作根据，用孔德的实证哲学、达尔文的进化论、詹美士的实用主义递演而成的，我们敢认为西洋新文明的代表。孔子的哲学，虽不能包括中国文明的全部，却可以代表一大部分；我们现在暂认为中国旧文明的代表。孔子说尊王，博士说平民主义；孔子说女子难养，博士说男女平权；孔子说述而不作，博士说创造。这都是根本不同的。因为孔子所处的地位时期，与博士所处的地位时期，截然不同；我们不能怪他。但我们既然认旧的亦是文明，要在他里面寻出与现代科学精神不相冲突的，非不可能。即以教育而论，孔子是中国第一个平民教育家。他的三千个弟子，有狂的，有狷的，有愚的，有鲁的，有辟的，有喭的，有富的如子贡，有贫的如原宪；所以东郭、子思说他太杂。这是他破除阶级的教育的主义。他的教育，用礼、乐、射、御、书、数的六艺作普通学；用德行、政治、言语、文学的四科作专门学。照《论语》所记的，问仁的有若干，他的答语不一样；问政的有若干，他的答语也不是一样。这叫作是“因材施教”。可见他的教育，是重在发展个性，适应社会，决不是拘泥形式，专讲画一的。孔子说：“学而不思则罔，思而不学则殆。”这就是经验与思想并重的意义。他说：“多闻阙疑，慎言其余；多见阙殆，慎行其余。”这就是试验的意义。

我觉得孔子的理想与杜威博士的学说很有相同的点。这就是东西文明要媒合的证据了。但媒合的方法，必先要领得西洋科学的精神，然后用它来整理中国的旧学说，才能发生一种新义。如墨子的名学，不是曾经研究西洋名学的胡适君，不能看得十分透澈，就是证据。孔子的人生哲学与教育学，不是曾研究西洋人生哲学与教育学的，也决不能十分透澈，可以适用于今日的中国。所以我们觉得返忆旧文明的兴会，不及欢迎新文明的浓挚。因而对于杜威博士的生日，觉得比较那尚友古人，尤为亲切。自今以后，孔子生日的纪念，再加了几次或几十次，孔子已经没有自身活动的表示；一般治孔学的人，是否于社会上有点贡献，是一个问题。博士的生日，加了几次以至几十次，博士不绝的创造，对于社会上必更有多大的贡献。这是我们用博士已往的历史可以推想而知的。兼且我们作孔子生日的纪念，与孔子没有直接的关系；我们作博士生日的庆祝，还可以直接请博士的赐教。所以对于博士的生日，我们觉得尤为亲切一点。我谨代表北京大学全体举一觞。祝杜威博士万岁!

（据1919年10月22日《北京大学日刊》）

# 世界观篇

北京大学中国哲学门第一次毕业摄影

# 世界观与人生观

（1912年冬）

世界无涯涘也，而吾人乃于其中占有数尺之地位；世界无终始也，而吾人乃于其中占有数十年之寿命；世界之迁流如是其繁变也，而吾人乃于其中占有少许之历史。以吾人之一生较之世界，其大小久暂之相去，既不可以数量计；而吾人一生又决不能有几微遁出于世界以外。则吾人非先有一世界观，决无所容喙于人生观。

虽然，吾人既为世界之一分子，决不能超出世界以外，而考察一客观之世界，则所谓完全之世界观，何自而得之乎？曰：凡分子必具有全体之本性；而即为分子则因其所值之时地而发生种种特性；排去各分子之特性，而得一通性，则即全体之本性矣。吾人为世界一分子，凡吾人意识所能接触者，无一非世界之分子。研究吾人之意识，而求其最后之原素，为物质及形式，犹相对待也。超物质形式之畛域而自在者，惟有意志。于是吾人得以意志为世界各分子之通性，而即以是为世界之本性。

本体世界之意志，无所谓鹄的也。何则？一有鹄的，则悬之有其所，达之有其时，而不得不循因果律以为达之之方法，是仍落于形式之中，含有各分子之特性，而不足以为本体。故说者以本体世界为黑暗之意志，或谓之盲瞽之意志，皆所以形容其异于现象世界各各之意志也。现象世界各各之意志，则以回向本体为最后之大鹄的。其间接以达于此大鹄的者，又有无量数之小鹄的。各以其间接于最后大鹄的之远近，为其大小之差。

最后之大鹄的何在？曰：合世界之各分子，息息相关，无复有彼此之差别，达于现象世界与本体世界相交之一点是也。自宗教家言之，吾人固未尝不可一瞬间超轶现象世界种种差别之关系，而完全成立为本体世界之大我。然吾人于此时期，既尚有语言文字之交通，则已受范于渐法之中，而不以顿法，于是不得不有所谓种种间接之作用，缀辑此等间接作用，使厘然有系统可寻者，进化史也。

统大地之进化史而观之，无机物之各质点，自自然引力外，殆无特别相互之关系；进而为有机之植物，则能以质点集合之机关，共同操作，以行其延年传种之作用；进而为动物，则又于同种类间为亲子朋友之关系，而其分职通功之例，视植物为繁；及进而为人类，则由家庭而宗族，而社会，而国家，而国际，其互相关系之形式，既日趋于博大，而成绩所留，随举一端，皆有自阂而通、自别而同之趋势。例如昔之工艺，自造之，而自用之耳。今则一人之所享受，不知经若干人之手而后成。一人之所操作，不知供若干人之利用。昔之知识，取材于乡土志耳。今则自然界之记录，无远弗届。远之星体之运行，小之原子之变化，皆为科学所管领。由考古学、人类学之互证，而知开明人之祖先，与未开化人无异。由进化学之研究，而知人类之祖先与动物无异。是以语言、风俗、宗教、美术之属，无不合大地之人类以相比较。而动物心理、动物言语之属，亦渐为学者所注意。昔之同情，及最近者而止耳。是以同一人类，或状貌稍异，即痛痒不复相关，而甚至于相食；其次则死之，奴之。今则四海兄弟之观念，为人类所公认。而肉食之戒，虐待动物之禁，以渐流布。所谓仁民而爱物者，已成为常识焉。夫已往之世界，经其各分子经营而进步者，其成绩固已如此。过此以往，不亦可比例而知之欤？

道家之言曰："知足不辱，知止不殆。"又曰："小国寡民，使有什伯之器而不用，使民重死而不远徙，虽有舟舆，无所乘之。虽有甲兵，无所陈之。使民复结绳而用之。甘其食，美其服，安其居，乐其俗。邻国相望，鸡狗之声相闻，民至老死而不相往来。”此皆以目前之幸福言之也。自进化史考之，则人类精神之趋势，乃适与相反。人满之患，虽自昔藉为口实，而自昔探险新地者，率生于好奇心，而非为饥寒所迫。南北极苦寒之所，未必于吾侪生活有直接利用之资料，而冒险探极者踵相接。由椎轮而大辂，由桴槎而方舟，足以济不通矣；乃必进而为汽车、汽船及自动车之属。近则飞艇、飞机，更为竞争之的。其构造之初必有若干之试验者供其牺牲，而初不以及身之不及利用而生悔。文学家、美术家最高尚之著作，被崇拜者或在死后，而初不以及身之不得信用而辍业，用以知，为将来而牺牲现在者，又人类之通性也。

人生之初，耕田而食，凿井而饮，谋生之事，至为繁重，无暇为高尚之思想。自机械发明，交通迅速，资生之具，日趋于便利。循是以往，必有菽粟如水火之一日，使人类不复为口腹所累，而得专致力于精神之修养。今虽尚非其时，而纯理之科学、高尚之美术，笃嗜者固已有甚于饥渴，是即他日普及之朕兆也。科学者，所以祛现象世界之障碍，而引致于光明。美术者，所以写本体世界之现象，而提醒其觉性。人类精神之趋向既毗于是，则其所到达之点盖可知矣。

然则，进化史所以诏吾人者：人类之义务，为群伦不为小己，为将来不为现在，为精神之愉快，而非为体魄之享受，固已彰明而较著矣。而世之误读进化史者，乃以人类之大鹄的，为不外乎具其一身与种姓之生存，而遂以强者权利为无上之道德。夫使人类果以一身之生存为最大之鹄的，则将如神仙家所主张，而又何有于种姓？如曰人类固以绵延其种姓为最后之鹄的，则必以保持其单纯之种姓为第一义，而同姓相婚，其生不蕃。古今开明民族，往往有几许之混合者。是两者何足以为究竟之鹄的乎？孔子曰："生无所息。"庄子曰："造物劳我以生。"诸葛孔明曰："鞠躬尽瘁，死而后已。"是吾身之所以欲生存也。北山愚公之言曰："虽我之死，有子存焉。子又生孙，孙又生子，子子孙孙，无穷匮也；而山不加增，何苦而不平？"是种姓之所以欲生存也。人类以在此世界有当尽之义务，不得不生存其身体；又以此义务者非数十年之寿命所能竣，而不得不谋其种姓之生存；以图其身体若种姓之生存，而不能不有所资以营养，于是有吸收之权利。又或吾人所以尽务之身体若种姓，及夫所资以生存之具，无端受外界之侵害，将坐是而失其所以尽义务之自由，于是有抵抗之权利。此正负两式之权利，皆由义务而演出者也。今曰吾人无所谓义务，而权利则可以无限。是犹同舟共济，非合力不足以达彼岸，乃强有力者以进行为多事，而劫他人所持之棹楫以为己有，岂非颠倒之尤者乎。

昔之哲人，有见于大鹄的之所在，而于其他无量之小鹄的，又准其距离于大鹄的之远近，以为大小之差。于其常也，大小鹄的并行而不悖。孔子曰：“己欲立而立人，己欲达而达人。”孟子曰：“好乐、好色、好货，与人同之。”是其义也。于其变也，绌小以申大。尧知子丹朱之不肖，不足授天下。授舜则天下得其利而丹朱病，授丹朱则天下病而丹朱得其利。尧曰终不以天下之病，而利一人，而卒授舜以天下。禹治洪水，十年不窥其家。孔子曰：“志士仁人，无求生以害仁，有杀身以成仁。”墨子摩顶放踵，利天下为之。孟子曰：“生与义不可得兼，舍生而取义。”范文正曰：“一家哭，何如一路哭。”是其义也。循是以往，则所谓人生者，始合于世界进化之公例，而有真正之价值。否则，庄生所谓天地之委形委蜕已耳，何足道也。

（据世界社1916年法国都尔斯出版的《民德杂志》创刊号）

# 洪水与猛兽

（1920年4月1日）

二千二百年前，中国有个哲学家孟轲，他说国家的历史，常是“一乱一治”的。他说第一次大乱，是四千二百年前的洪水；第二次大乱，是三千年前的猛兽；后来说到他那时候的大乱，是杨朱、墨翟的学说。他又把自己的拒杨墨，比较禹的抑洪水，周公的驱猛兽。所以崇奉他的人，就说杨墨之害，甚于洪水猛兽。后来一个学者，要是攻击别种学说，总是袭用“甚于洪水猛兽”这句话。譬如唐宋儒家攻击佛老，用他；清朝程朱派攻击陆王派，也用他；现在旧派攻击新派，也用他。

我以为用洪水来比新思潮，很有几分相像。他的来势很勇猛，把旧日的习惯冲破了，总有一部的人感受痛苦；仿佛水源太旺，旧有的河槽，不能容受他，就泛滥岸上，把田庐都扬荡了。对付洪水，要是如鲧的用湮法，便愈湮愈决，不可收拾。

所以禹改用导法，这些水归了江河，不但无害，反有灌溉之利了。对付新思潮，也要舍湮法，用导法，让他自由发展，定是有利无害的。孟氏谓“禹之治水，行其所无事”，这正是旧派对付新派的好方法。

至于猛兽，恰好作军阀的写照。孟氏引公明仪的话：“庖有肥肉，厩有肥马，民有饥色，野有饿莩，此率兽而食人也。”现在军阀的要人，都有几千万的家产，奢侈的了不得；别种好好作工的人，穷的饿死，这不是率兽食人的样子么？现在天津、北京的军人，受了要人的指使，乱打爱国的青年，岂不明明是猛兽的派头么？

所以中国现在的状况，可算洪水与猛兽竞争。要是有人能把猛兽驯伏了，来帮同疏导洪水，那中国就立刻太平了。

（据1920年4月1日《新青年》第7卷第5号）

# 劳工神圣

——在庆祝协约国胜利演说大会上的演说词

（1918年11月16日）

诸君！

这次世界大战争，协商国竟得最后胜利，可以消灭种种黑暗的主义，发展种种光明的主义。我昨日曾经说过，可见此次战争的价值了。但是我们四万万同胞，直接加入的，除了在法国的十五万华工，还有什么人？这不算怪事！此后的世界，全是劳工的世界呵！

我说的劳工，不但是金工、木工等等，凡用自己的劳力作成有益他人的事业，不管他用的是体力、是脑力，都是劳工。所以农是种植的工，商是转运的工，学校职员、著述家、发明家是教育的工，我们都是劳工。我们要自己认识劳工的价值。劳工神圣！我们不要羡慕那凭藉遗产的纨绔儿！不要羡慕那卖国营私的官吏！不要羡慕那克扣军饷的军官！不要羡慕那操纵票价的商人！不要羡慕那领干脩的顾问咨议！不要羡慕那出售选举票的议员！他们虽然奢侈点，但是良心上不及我们的平安多了。我们要认清我们的价值。劳工神圣！

（据1918年11月27日《北京大学日刊》）

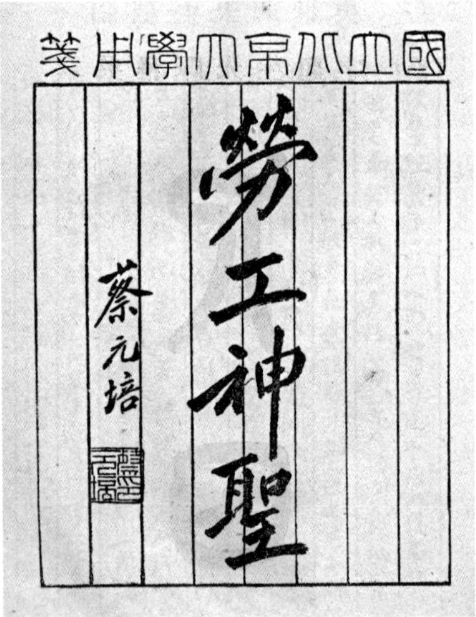

# 义务与权利

## ——在女子师范学校演讲

（1919年12月7日）

贵校成立，于兹十载，毕业生之服务于社会者，甚有声誉，鄙人甚所钦佩。今日承方校长嘱以演讲，鄙人以诸君在此受教，是诸君之权利；而毕业以后即当任若干年教员，即诸君之义务，故愿为诸君说义务与权利之关系。

权利者，为所有权、自卫权等，凡有利于己者，皆属之。义务则凡尽吾力而有益于社会者皆属之。

普通之见，每以两者为互相对待，以为既尽某种义务，则可以要求某种权利，既享某种权利，则不可不尽某种义务。如买卖然，货物与金钱，其值相当是也。然社会上每有例外之状况，两者或不能兼得，则势必偏重其一。如杨朱为我，不肯拔一毛以利天下；德国之斯梯纳（Steiner）及尼采（Nietzsche）

等，主张惟我独尊，而以利他主义为奴隶之道德。此偏重权利之说也。墨子之道，节用而兼爱。孟子曰，生与义“不可得兼，舍生而取义”。此偏重义务之说也。今欲比较两者之轻重，以三者为衡。

**（一）以意识之程度衡之。**下等动物，求食物，卫生命，权利之意识已具；而互助之行为，则于较为高等之动物始见之。昆虫之中，蜂蚁最为进化。其中雄者能传种而不能作工。传种既毕，则工蜂、工蚁刺杀之，以其义务无可再尽，即不认其有何等权利也。人之初生，即知吮乳，稍长则饥而求食，寒而求衣，权利之意义具，而义务之意识未萌；及其长也，始知有对于权利之义务，且进而有公而忘私、国而忘家之意识。是权利之意识，较为幼稚；而义务之意识，较为高尚也。

**（二）以范围之广狭衡之。**无论何种权利，享受者以一身为限；至于义务，则如振兴实业，推行教育之类，享其利益者，其人数可以无限。是权利之范围狭，而义务之范围广也。

**（三）以时效之久暂衡之。**无论何种权利，享受者以一生为限。即如名誉，虽未尝不可认为权利之一种，而其人既死，则名誉虽存，而所含个人权利之性质，不得不随之而消灭。至于义务，如禹之治水，雷绥佛（Lesserps）之凿苏彝士河，汽机、电机之发明，文学家、美术家之著作，则其人虽死，而效力常存。是权利之时效短，而义务之时效长也。

由是观之，权利轻而义务重，且人类实为义务而生存。例如人有子女，即生命之派分，似即生命权之一部。然除孝养父母之旧法而外，曾何权利之可言？至于今日，父母已无责备子女以孝养之权利，而饮食之，教诲之，乃为父母不可逃之义务。且列子称愚公之移山也，曰：“虽我之死，有子存焉。子又生孙，孙又生子，子子孙孙，无穷匮也，而山不加增，何苦而不平？”虽为寓言，实含至理。盖人之所以有子孙者，为夫生年有尽，而义务无穷；不得不以子孙为延续生命之方法，而于权利无关。是即人之生存，为义务而不为权利之证也。

惟人之生存，既为义务，则何以又有权利？曰：“尽义务者在有身，而所以保持此身，使有以尽义务者，曰权利。如汽机然，非有燃料，则不能作工，权利者，人身之燃料也。故义务为主，而权利为从。”

义务为主，则以多为贵，故人不可以不勤；权利为从，则适可而止，故人不可以不俭。至于捐所有财产，以助文化之发展，或冒生命之危险，而探南北极、试航空术，则皆可为善尽义务者。其他若厌世而自杀，实为放弃义务之行为，故伦理学家常非之。然若其人既自知无再尽义务之能力，而坐享权利，或反以其特别之疾病若罪恶，贻害于社会，则以自由意志而决然自杀，亦有可谅者。独身主义亦然，与谓为放弃权利，毋宁谓为放弃义务。然若有重大之义务，将竭毕生之精力以达之，而不愿为家室所累；又或自忖体魄，在优种学上者不适于遗传之理由，而决然抱独身主义，亦有未可厚非者。

今欲进而言诸君之义务矣。闻诸君中颇有以毕业后必尽教员之义务为苦者。然此等义务，实为校章所定。诸君入校之初，既承认此校章矣。若于校中既享有种种之权利，而竟放弃其义务，如负债不偿然，于心安乎？毕业以后，固亦有因结婚之故，而家务、校务不能兼顾者。然胡彬夏女士不云乎："女子尽力社会之暇，能整理家事，斯为可贵。"是在善于调度而已。我国家庭之状况，烦琐已极，诚有使人应接不暇之苦。然使改良组织，日就简单，亦未尝不可分出时间，以服务于社会。又或约集同志，组织公育儿童之机关，使有终身从事教育之机会，亦无不可。在诸君勉之而已。

（据1920年新潮社编《蔡子民先生言行录》）

# 美育

（1930年）

美育者，应用美学之理论于教育，以陶养感情为目的者也。人生不外乎意志，人与人互相关系，莫大乎行为，故教育之目的，在使人人有适当之行为，即以德育为中心是也。顾欲求行为之适当，必有两方面之准备：一方面，计较利害，考察因果，以冷静之头脑判定之；凡保身卫国之德，属于此类，赖智育之助者也。又一方面，不顾祸福，不计生死，以热烈之感情奔赴之。凡与人同乐、舍己为群之德，属于此类，赖美育之助者也。所以美育者，与智育相辅而行，以图德育之完成者也。

吾国古代教育，用礼、乐、射、御、书、数之六艺。乐为纯粹美育；书以记述，亦尚美观；射、御在技术之熟练，而亦尚态度之娴雅；礼之本义在守规则，而其作用又在远鄙俗。盖自数以外，无不含有美育成分者。其后若汉魏之文苑、晋之清谈、南北朝以后之书画与雕刻、唐之诗、五代以后之词、元以后之小说与剧本，以及历代著名之建筑与各种美术工艺品，殆无不于非正式教育中行其美育之作用。

其在西洋，如希腊雅典之教育，以音乐与体操并重，而兼重文艺。音乐、文艺，纯粹美育。体操者，一方以健康为目的，一方实以使身体为美的形式之发展；希腊雕像，所以成空前绝后之美，即由于此。所以雅典之教育，虽谓不出乎美育之范围，可也。罗马人虽以从军为政见长，而亦输入希腊之美术与文学，助其普及。中古时代，基督教徒，虽务以清静矫俗；而峨特式之建筑，与其他音乐、雕塑、绘画之利用，未始不迎合美感。自文艺复兴以后，文艺、美术盛行。及十八世纪，经包姆加敦（Baumgarten）与康德（Kant）之研究，而美学成立。经席勒尔（Schiller）详论美育之作用，而美育之标识，始彰明较著矣。（席勒尔所著，多诗歌及剧本；而其关于美学之著作，惟Briefe über die Ästhetische Erziehung，吾国“美育”之术语，即由德文之Ästhetische Erziehung译出者也。）自是以后，欧洲之美育，为有意识之发展，可以资吾人之借鉴者甚多。

爰参酌彼我情形而述美育之设备如下：美育之设备，可分为学校、家庭、社会三方面。

学校自幼稚园以至大学校，皆是。幼稚园之课程，若编纸、若粘土、若唱歌、若舞蹈、若一切所观察之标本，有一定之形式与色泽者，全为美的对象。进而至小学校，课程中如游戏、音乐、图画、手工等，固为直接的美育；而其他语言与自然、历史之课程，亦多足以引起美感。进而及中学校，智育之课程益扩加；而美育之范围，亦随以俱广。例如，数学中数与数常有巧合之关系。几何学上各种形式，为图案之基础。物理、化学上能力之转移，光色之变化；地质学的矿物学上结晶之匀净，闪光之变幻；植物学上活色生香之花叶；动物学上逐渐进化之形体，极端改饰之毛羽，各别擅长之鸣声；天文学上诸星之轨道与光度；地文学上云霞之色彩与变动；地理学上各方之名胜；历史学上各时代伟大与都雅之人物与事迹；以及其他社会科学上各种大同小异之结构，与左右逢源之理论；无不于智育作用中，含有美育之原素；一经教师之提醒，则学者自感有无穷之兴趣。其他若文学、音乐等之本属于美育者，无待言矣。进而至大学，则美术、音乐、戏剧等皆有专校，而文学亦有专科。即非此类专科、专校之学生，亦常有公开之讲演或演奏等，可以参加。而同学中亦多有关于此等美育之集会，其发展之度，自然较中学为高矣。且各级学校，于课程外，尚当有种种关乎美育之设备。例如，学校所在之环境有山水可赏者，校之周围，设清旷之园林。而校舍之建筑，器具之形式，造像摄影之点缀，学生成绩品之陈列，不但此等物品之本身，美的程度不同，而陈列之位置与组织之系统，亦大有关系也。

其次家庭：居室不求高大，以上有一二层楼，而下有地窟者为适宜。必不可少者，环室之园，一部分杂莳花木，而一部分可容小规模之运动，如秋千、网球之类。其他若卧室之床几、膳厅之桌椅与食具、工作室之书案与架柜、会客室之陈列品，不问华贵或质素，总须与建筑之流派及各物品之本式，相互关系上，无格格不相入之状。其最必要而为人人所能行者，清洁与整齐。其他若鄙陋之辞句，如恶谑与谩骂之类，粗暴与猥亵之举动，无老幼、无男女、无主仆，皆当屏绝。

其次社会：社会之改良，以市乡为立足点。凡建设市乡，以上水管、下水管为第一义；若居室无自由启闭之水管，而道路上见有秽水之流演、粪桶与粪船之经过，则一切美观之设备，皆为所破坏。次为街道之布置，宜按全市或全乡地面而规定大街若干、小街若干，街与街之交叉点，皆有广场。场中设花坞，随时移置时花；设喷泉，于空气干燥时放射之；如北方各省尘土飞扬之所，尤为必要。陈列美术品，如名人造像，或神话、故事之雕刻等。街之宽度，预为规定，分步行、车行各道，而旁悉植树。两旁建筑，私人有力自营者，必送其图于行政处，审为无碍于观瞻而后认可之；其无力自营而需要住所者，由行政处建筑公共之寄宿舍。或为一家者，或为一人者，以至廉之价赁出之。于小学校及幼稚园外，尚有寄儿所，以备孤儿或父母同时作工之子女可以寄托，不使抢攘于街头。对于商店之陈列货物，悬挂招牌，张贴告白，皆有限制，不使破坏大体之美观，或引起恶劣之心境。载客运货之车，能全用机力，最善。必不得已而利用畜力，或人力，则牛马必用强壮者，装载之量与运行之时，必与其力相称。人力间用以运轻便之物，或负担，或曳车、推车。若为人舁轿挽车，惟对于病人或妇女，为徜徉游览之助者，或可许之。无论何人，对于老牛、羸马之竭力以曳重载，或人力车夫之袒背浴汗而疾奔，不能不起一种不快之感也。设习艺所，以收录贫苦与残疾之人，使得于能力所及之范围，稍有所贡献，以偿其所享受，而不许有沿途乞食者。设公墓，可分为土葬、火葬两种，由死者遗命或其子孙之意而选定之。墓地上分区、植树、莳花、立碑之属，皆有规则。不许于公墓以外，买地造坟。分设公园若干于距离适当之所，有池沼亭榭、花木鱼鸟，以供人工作以后之休憩。设植物园，以观赏四时植物之代谢。设动物园，以观赏各地动物特殊之形状与生活。设自然历史标本陈列所，以观赏自然界种种悦目之物品。设美术院，以久经鉴定之美术品，如绘画、造像及各种美术工艺，刺绣、雕镂之品，陈列于其中，而有一定之开放时间，以便人观览。设历史博物院，以使人知一民族之美术，随时代而不同。设民族学博物院，以使人知同时代中，各民族之美术，各有其特色。设美术展览会，或以新出之美术品，供人批评；或以私人之所收藏，暂供众览；或由他处陈列所中，抽借一部，使观赏者常有新印象，不为美术院所限也。设音乐院，定期演奏高尚之音乐，并于公园中为临时之演奏。设出版物检查所，凡流行之诗歌、小说、剧本、画谱，以至市肆之挂屏、新年之花纸，尤其儿童所读阅之童话与画本等，凡粗犷、猥亵者禁止之，而择其高尚优美者助为推行。设公立剧院及影戏院，专演文学家所著名剧及有关学术，能引起高等情感之影片，以廉价之入场券引人入览。其他私人营业之剧院及影戏院，所演之剧与所照之片，必经公立检查所之鉴定，凡卑猥陋劣之作，与真正之美感相冲突者，禁之。婚丧仪式，凡陈陈相因之仪仗、繁琐无理之手续，皆废之；定一种简单而可以表示哀乐之公式。每年遇国庆日，或本市本乡之纪念日，则于正式祝典以外，并可有市民极端欢娱之表示；然亦有一种不能越过之制限；盖文明人无论何时，总不容有无意识之举动也。以上所举，似专为新立之市乡而言，其实不然。旧有之市乡，含有多数不合美育之分子者，可于旧市乡左近之空地，逐渐建设，以与之交换，或即于旧址上局部改革。

要之，美育之道，不达到市乡悉为美化，则虽学校、家庭尽力推行，而其所受环境之恶影响，终为阻力，故不可不以美化市乡为最重要之工作也。

（据1930年商务印书馆出版的《教育大辞书》）

# 以美育代宗教说

## ——在北京神州学会演讲

（1917年4月8日）

兄弟于学问界未曾为系统的研究，在学会中本无可以表示之意见。惟既承学会诸君子责以讲演，则以无可如何中，择一于我国有研究价值之问题，为到会诸君一言，即“以美育代宗教”之说是也。

夫宗教之为物，在彼欧西各国，已为过去问题。盖宗教之内容，现皆经学者以科学的研究解决之矣。吾人游历欧洲，虽见教堂棋布，一般人民亦多入堂礼拜，此则一种历史上之习惯。譬如前清时代之袍褂，在民国本不适用，然因其存积甚多，毁之可惜，则定为乙种礼服而沿用之，未尝不可。又如祝寿会葬之仪，在学理上了无价值，然戚友中既以请帖讣闻相招，势不能不循例参加，藉通情愫。欧人之沿习宗教仪式，亦犹是耳。所可怪者，我中国既无欧人此种特别之习惯，乃以彼邦过去之事实作为新知，竟有多人提出讨论。此则由于留学外国之学生，见彼国社会之进化，而误听教士之言，一切归功于宗教，遂欲以基督教劝导国人。而一部分之沿习旧思想者，则承前说而稍变之，以孔子为我国之基督，遂欲组织孔教，奔走呼号，视为今日重要问题。

自兄弟观之，宗教之原始，不外因吾人精神作用而构成。吾人精神上之作用，普通分为三种：一曰知识，二曰意志，三曰感情。最早之宗教，常兼此三作用而有之。盖以吾人当未开化时代，脑力简单，视吾人一身与世界万物均为一种不可思议之事。生自何来？死将何往？创造之者何人？管理之者何术？凡此种种，皆当时之人所提出之问题，以求解答者也。于是有宗教家勉强解答之。如基督教推本于上帝，印度旧教则归之梵天，我国神话则归之盘古。其他各种现象，亦皆以神道为惟一之理由。此知识作用之附丽于宗教者也。且吾人生而有生存之欲望，由此欲望而发生一种利己之心。其初以为非损人不能利己，故恃强凌弱、掠夺攫取之事，所在多有。其后经验稍多，知利人之不可少，于是有宗教家提倡利他主义。此意志作用之附丽于宗教者也。又如跳舞、唱歌，虽野蛮人亦皆乐此不疲。而对于居室、雕刻、图画等事，虽石器时代之遗迹，皆足以考见其爱美之思想。此皆人情之常，而宗教家利用之以为诱人信仰之方法。于是未开化人之美术，无一不与宗教相关联。此又情感作用之附丽于宗教者也。天演之例，由浑而昼。当时精神作用至为浑沌，遂结合而为宗教，又并无他种学术与之对，故宗教在社会上遂具有特别之势力焉。

迨后社会文化日渐进步，科学发达，学者遂举古人所谓不可思议者，皆一一解释之以科学。日星之现象、地球之缘起、动植物之分布、人种之差别，皆得以理化、博物、人种、古物诸科学证明之。而宗教家所谓吾人为上帝所创造者，从生物进化论观之，吾人最初之始祖，实为一种极小之动物，后始日渐进化为人耳。此知识作用离宗教而独立之证也。宗教家对于人群之规则，以为神之所定，可以永远不变。然希腊诡辩家因巡游各地之故，知各民族之所谓道德，往往互相抵触，已怀疑于一成不变之原则。近世学者据生理学、心理学、社会学之公例，以应用于伦理，则知具体之道德不能不随时随地而变迁；而道德之原理则可由种种不同之具体者而归纳以得之；而宗教家之演绎法，全不适用。此意志作用离宗教而独立之证也。

知识、意志两作用，既皆脱离宗教以外，于是宗教所最有密切关系者，惟有情感作用，即所谓美感。凡宗教之建筑，多择山水最胜之处，吾国人所谓“天下名山僧占多”，即其例也。其间恒有古木名花，传播于诗人之笔，是皆利用自然之美以感人者。其建筑也，恒有峻秀之塔、崇闳幽邃之殿堂，饰以精致之造像、瑰丽之壁画，构成黯淡之光线，佐以微妙之音乐。赞美者必有著名之歌词，演说者必有雄辩之素养，凡此种种，皆为美术作用，故能引人入胜。苟举以上种种设施而屏弃之，恐无能为役矣。然而美术之进化史，实亦有脱离宗教之趋势。例如吾国南北朝著名之建筑，则伽蓝耳，其雕刻则造像耳，图画则佛像及地狱变相之属为多；文学之一部分，亦与佛教为缘。而唐以后诗文，遂多以风景人情世事为对象；宋元以后之图画，多写山水花鸟等自然之美。周以前之鼎彝，皆用诸祭祀。汉唐之吉金，宋元以来之名瓷，则专供把玩。野蛮时代之跳舞，专以娱神，而今则以之自娱。欧洲中古时代留遗之建筑，其最著者率为教堂，其雕刻图画之资料，多取诸新、旧约；其音乐，则附丽于赞美歌；其演剧，亦排演耶稣故事，与我国旧剧《目莲救母》相类。及文艺复兴以后，各种美术，渐离宗教而尚人文。至于今日，宏丽之建筑，多为学校、剧院、博物院，而新设之教堂，有美学上价值者，几无可指数。其他美术，亦多取资于自然现象及社会状态。于是以美育论，已有与宗教分合之两派。以此两派相较，美育之附丽于宗教者，常受宗教之累，失其陶养之作用，而转以激刺感情。盖无论何等宗教，无不有扩张己教、攻击异教之条件。回教之谟罕默德，左手持《可兰经》，而右手持剑，不从其教者杀之。基督教与回教冲突，而有十字军之战，几及百年。基督教中又有新、旧教之战，亦亘数十年之久。至佛教之圆通，非他教所能及。而学佛者苟有拘牵教义之成见，则崇拜舍利受持经忏之陋习，虽通人亦肯为之，甚至为护法起见，不惜于共和时代，附和帝制。宗教之为累，一至于此，皆激刺感情之作用为之也。

鉴激刺感情之弊，而专尚陶养感情之术，则莫如舍宗教而易以纯粹之美育。纯粹之美育，所以陶养吾人之感情，使有高尚纯洁之习惯，而使人我之见、利己损人之思念，以渐消沮者也。盖以美为普遍性，决无人我差别之见能参入其中。食物之入我口者，不能兼果他人之腹；衣服之在我身者，不能兼供他人之温，以其非普遍性也。美则不然。即如北京左近之西山，我游之，人亦游之；我无损于人，人亦无损于我也。隔千里兮共明月，我与人均不得而私之。中央公园之花石，农事试验场之水木，人人得而赏之。埃及之金字塔、希腊之神祠、罗马之剧场，瞻望赏叹者若干人，且历若干年，而价值如故。各国之博物院，无不公开者，即私人收藏之珍品，亦时供同志之赏览。各地方之音乐会、演剧场，均以容多数人为快。所谓独乐乐不如与人乐乐，与寡乐乐不如与众乐乐，以齐宣王之惛，尚能承认之，美之为普遍性可知矣。且美之批评，虽间亦因人而异，然不曰是于我为美，而曰是为美，是亦以普遍性为标准之一证也。

美以普遍性之故，不复有人我之关系，遂亦不能有利害之关系。马牛，人之所利用者，而戴嵩所画之牛，韩幹所画之马，决无对之而作服乘之想者。狮虎，人之所畏也，而芦沟桥之石狮，神虎桥之石虎，决无对之而生搏噬之恐者。植物之花，所以成实也，而吾人赏花，决非作果实可食之想。善歌之鸟，恒非食品；灿烂之蛇，多含毒液。而以审美之观念对之，其价值自若。美色，人之所好也，对希腊之裸像，决不敢作龙阳之想；对拉飞尔若鲁滨司之裸体画，决不敢有周昉秘戏图之想。盖美之超绝实际也如是。且于普通之美以外，就特别之美而观察之，则其义益显。例如崇闳之美，有至大、至刚两种。至大者如吾人在大海中，惟见天水相连，茫无涯涘；又如夜中仰数恒星，知一星为一世界，而不能得其止境，顿觉吾身之小虽微尘不足以喻，而不知何者为所有。其至刚者，如疾风震霆，覆舟倾屋，洪水横流，火山喷薄，虽拔山盖世之气力，亦无所施，而不知何者为好胜。夫所谓大也，刚也，皆对待之名也。今既自以为无大之可言，无刚之可恃，则且忽然超出乎对待之境，而与前所谓至大、至刚者肸合而为一体，其愉快遂无限量。当斯时也，又岂尚有利害得丧之见能参入其间耶！其他美育中，如悲剧之美，以其能破除吾人贪恋幸福之思想。《小雅》之怨悱，屈子之离忧，均能特别感人。《西厢记》若终于崔、张团圆,则平淡无奇；惟如原本之终于草桥一梦，始足发人深省。《石头记》若如《红楼后梦》等，必使宝黛成婚，则此书可以不作；原本之所以动人者，正以宝黛之结果一死一亡，与吾人之所谓幸福全然相反也。又如滑稽之美，以不与事实相应为条件。如人物之状态，各部分互有比例，而滑稽画中之人物，则故使一部分特别长大或特别短小。作诗则故为不谐之声调，用字则取资于同音异义者。方朔割肉以遗细君，不自责而反自夸；优旃谏漆城，不言其无益，而反谓漆城荡荡，寇来不得上，皆与实际不相容，故令人失笑耳。要之，美学之中，其大别为都丽之美、崇闳之美（日本人译言优美、壮美）。而附丽于崇闳之悲剧，附丽于都丽之滑稽，皆足以破人我之见，去利害得失之计较，则其所以陶养性灵，使之日进于高尚者，固已足矣。又何取乎侈言阴骘、攻击异派之宗教，以激刺人心，而使之渐丧其纯粹之美感为耶?

（据1920年新潮社编《蔡孑民先生言行录》）

# 美育与人生

（1931年前后）

人的一生，不外乎意志的活动，而意志是盲目的，其所恃以为较近之观照者，是知识，所以供远照、旁照之用者，是感情。

意志之表现为行为。行为之中，以一己的卫生而免死、趋利而避害者为最普通；此种行为，仅仅普通的知识，就可以指导了。进一步的，以众人的生及众人的利为目的，而一己的生与利即托于其中。此种行为，一方面由于知识上的计较，知道众人皆死而一己不能独生，众人皆害而一己不能独利。又一方面，则亦受感情的推动，不忍独生以坐视众人的死，不忍专利以坐视众人的害。更进一步，于必要时，愿舍一己的生以救众人的死，愿舍一己的利以去众人的害，把人我的分别，一己生死利害的关系，统统忘掉了。这种伟大而高尚的行为，是完全发动于感情的。

人人都有感情，而并非都有伟大而高尚的行为，这由于感情推动力的薄弱。要转弱而为强，转薄而为厚，有待于陶养。陶养的工具，为美的对象；陶养的作用，叫作美育。

美的对象，何以能陶养感情？因为他有两种特性：一是普遍；二是超脱。

一瓢之水，一人饮了，他人就没得分润；容足之地，一人占了，他人就没得并立。这种物质上不相入的成例，是助长人我的区别、自私自利的计较的。转而观美的对象，就大不相同。凡味觉、嗅觉、肤觉之含有质的关系者，均不以美论；而美感的发动，乃以摄影及音波辗转传达之视觉听觉为限，所以纯然有“天下为公”之概。名山大川，人人得而游览；夕阳明月，人人得而赏玩；公园的造像、美术馆的图画，人人得而畅观。齐宣王称“独乐乐不若与人乐乐”“与少乐乐不若与众乐乐”；陶渊明称“奇文共欣赏”，这都是美的普遍性的证明。

植物的花，不过为果实的准备；而梅、杏、桃、李之属，诗人所咏叹的，以花为多。专供赏玩之花，且有因人择的作用，而不能结果的。动物的毛羽，所以御寒，人固有制裘、织呢的习惯，然白鹭之羽、孔雀之尾，乃专以供装饰。宫室，可以避风雨就好了，何以要雕刻与彩画？器具，可以应用就好了，何以要图案？语言，可以达意就好了，何以要特制音调的诗歌？可以证明美的作用，是超越乎利用的范围的。

既有普遍性以打破人我的成见，又有超脱性以透出利害的关系。所以当着重要关头，有“富贵不能淫，贫贱不能移，威武不能屈”的气概，甚且有“杀身以成仁”而不“求生以害仁”的勇敢。这种是完全不由于知识的计较，而由于感情的陶养，就是不源于智育，而源于美育。

所以吾人固不可不有一种普通职业，以应利用厚生的需要；而于工作的余暇，又不可不读文学、听音乐、参观美术馆，以谋知识与感情的调和，这样，才算是认识人生的价值了。

（据蔡元培手稿）

# 生平篇

晚年的蔡元培先生

# 传略（上）[①]

（1919年8月）

## 其家世及其幼年时代

蔡氏以明季自诸暨迁山阴，其初以艺山售薪为业，至孑民之高祖以下，始为商。孑民之祖名嘉谟，字佳木，为某典经理，以公正著。其父名光普，字耀山，为钱庄经理，以长厚称，家中人至以“爱无差等”笑之。孑民之母周氏，贤而能。以民国纪元前四十四年（一八六八）一月十一日（即清同治六年十二月十七）生孑民。方孑民丧父时，仅十一岁。有一兄，

① 此篇是蔡元培应北大新潮社的要求，为编印《蔡孑民先生言行录》撰写的。原定自己口述，由内弟黄世晖笔录。但由于“五四运动”后，蔡元培离京南下，于是自己动笔撰写，完稿后寄给黄世晖，嘱他核实若干史料，转交新潮社。《蔡孑民先生言行录》付印时，此篇标题为《蔡孑民》，题下署“都昌黄世晖记”。

十三岁。又有一弟，九岁。其父素宽于处友，有贷必应，欠者不忍索，故殁后几无积蓄。世交中有欲集款以赡其孤者，周氏不肯承认。质衣饰，克勤克俭，抚诸儿成立，每以“自立”“不依赖”勉之。常自言“每有事与人谈话，先预想彼将作何语，我宜以何语应之。既毕，又追省彼作何语，我曾作何语，有误否。以是鲜偾事。”故孑民之宽厚，为其父之遗传性。其不苟取，不妄言，则得诸母教焉。

孑民有叔父，名铭恩，字茗珊，以禀膳生乡试中式。工制艺，门下颇盛。亦治诗古文辞。藏书亦不少。孑民十余岁，即翻阅《史记》《汉书》《困学纪闻》《文史通义》《说文通训定声》诸书，皆得其叔父之指导焉。孑民自十三岁以后，受业于同县王子庄君。王君名懋鹽，亦以工制艺名，而好谈明季掌故，尤服膺刘蕺山先生，自号其斋曰仰蕺山房。故孑民二十岁以前，最崇拜宋儒。母病，躬侍汤药，曾封臂和药以进。（孑民有叔父曰纯山，曾因母病而封臂，家中传说其母得延寿十二年，故孑民仿为之。其后三年，母病危，孑民之弟元坚又封臂以进，卒无效。）居母丧，必欲行寝苫枕块之制，为家人所阻，于夜深人静后，忽挟枕席赴棺侧，其兄弟闻之，知不可阻，乃设床于停棺之堂，而兄弟共宿焉。母丧既除而未葬，其兄为之订婚，孑民闻之痛哭，要求取消，自以为大不孝。其拘迂之举动，类此者甚多。

## 旧学时代

孑民以十七岁补诸生，自此不治举子业，专治小学、经学，为骈体文。偶于书院中为四书文，则辄以古书中通假之字易常字，以古书中奇特之句法易常调，常人几不能读，院长钱振常、王继香诸君转以是赏之。其于乡、会试，所作亦然。盖其好奇而淡于禄利如此。然己丑、庚寅乡会试联捷，而壬辰得翰林庶吉士，甲午补编修，在孑民亦自以为出于意外云。

孑民二十岁，读书于同乡徐氏，兼为校所刻书。徐氏富藏书，因得博览，学大进。

孑民之治经，偏于故训及大义。其治史，则偏于儒林文苑诸传、艺文志及其他关系文化风俗之记载，不能为战史、政治史及地理、官制之考据。盖其尚推想而拙于记忆，性近于学术而不宜于政治。于旧学时代，已见其端矣。

孑民二十四岁，被聘为上虞县志局总纂。因所定条例为分纂所反对，即辞职。一生难进易退，大抵如此。

# 委身教育时代

自甲午以后，朝士竞言西学，孑民始涉猎译本书。戊戌，与友人合设一东文学社，学读和文书。是时，康、梁新用事，拜康门者踵相接。孑民与梁卓如君有己丑同年关系，而于戊戌六君子中，尤佩服谭复生君。然是时梁、谭皆在炙手可热之时，耻相依附，不往纳交。直至民国七年，为对德宣战问题，在外交后援会演说，始与梁卓如君相识。其孤僻如此。然八月间，康党失败，而孑民即于九月间请假出京，其乡人因以康党疑之，彼亦不与辩也。

孑民是时持论，谓康党所以失败，由于不先培养革新之人才，而欲以少数人弋取政权，排斥顽旧，不能不情见势绌。此后北京政府，无可希望。故抛弃京职，而愿委身于教育云。

是时绍兴绅士徐君方经营一中学校，名曰绍兴中西学堂。徐君自为堂董，而荐孑民为监督。校中有英、法两外国语，然无关于思想。孑民与教员马用锡君、杜亚泉君均提倡新思想。马君教授文辞，提倡民权、女权。杜君教授理科，提倡物竞争存之进化论。均不免与旧思想冲突。教员中稍旧者，日与辩论，孑民常右新派。旧者恨之，诉诸堂董。堂董以是年正人心之上谕送学堂，属孑民恭书而悬诸礼堂。孑民愤而辞职。

孑民为中西学堂监督时，丧其妻王氏。未期，媒者纷集。孑民提出条件，曰：（一）女子须不缠足者；（二）须识字者；（三）男子不取妾；（四）男死后，女可再嫁；（五）夫妇如不相合，可离婚。媒者无一合格，且以后两条为可骇。后一年，始访得江西黄尔轩先生之女，曰世振，字仲玉，天足，工书画，且孝于亲（曾因父病封臂）。乃请江西叶祖芗君媒介，始订婚焉。是时，孑民虽治新学，然崇拜孔子之旧习，守之甚笃。与黄女士行婚礼时，不循浙俗挂三星画轴，而以一红幛子缀“孔子”两大字。又于午后开演说会，云以代闹房。

其时，孑民好以公羊春秋三世义说进化论。又尝为三纲五伦辩护。曰：“纲者，目之对，三纲，为治事言之也。国有君主，则君为纲，臣为目；家有户主，则夫父为纲，而妇子为目。此为统一事权起见，与彼此互相待遇之道无关也。互相待遇之道，则有五伦。故君仁臣忠，非谓臣当忠而君可以不仁也；父慈子孝，非谓子当孝而父可以不慈也；夫义妇顺，非谓妇当顺而夫可以不义也。晏子曰：‘君为社稷死则死之。’孔子曰：‘小杖则受，大杖则走。’若如俗所谓‘君要臣死，臣不得不死；父要子死，子不得不死’者，不特不合于五伦，亦不合于三纲也。”其时孑民之见解盖如此。

庚子、辛丑之间，孑民与童亦韩君至临安县，为绍兴侨农设一小学校。又在浙江省城议改某书院为师范学校，未成。

辛丑，膺澄衷学堂总理刘君之请，代理一月。

是年，南洋公学开特班，招生二十余人，皆能为古文辞者，拟授以经世之学，而拔其尤，保送经济特科。以江西赵从蕃君为管理，而孑民为教授。由学生自由读书，写日记，送教授批改。每月课文一次，由教授评改。孑民又教诸生以读和文之法，使自译和文书，亦为之改定云。是时，孑民于日记及课文评语中，多提倡民权之说。学生中最为孑民所赏识者：邵闻泰、洪允祥、王莪孙、胡仁源、殷祖伊诸君，其次则谢沈（无量）、李同（叔同）、黄炎培、项骧、贝寿同诸君。

是年之冬，蒋观云君与乌目山僧发起女学校，孑民与陈梦坡君、林少泉君赞成之。罗迦陵女士任每月经费之一部。建设后，名曰爱国女学校，由蒋君管理。及蒋君赴日本，由孑民管理之。

是时留寓上海之教育家叶浩吾君、蒋观云君、钟宪鬯君等发起一会，名曰中国教育会，举孑民为会长。

南洋公学自开办以来，有一部分之教员及管理员不为学生所喜。吴稚晖君任公学教员时，为组织卫学会，已起冲突。学生被开除者十余人。吴君亦以是辞职，赴日本。而不孚人望之教员，则留校如故。是年，有中院第五班生，以误置墨水瓶于讲桌上，为教员所责。同学不平，要求总理去教员，总理不允，欲惩戒学生。于是激而为全体退学之举。特班生亦牺牲其保举经济特科之资格，而相率退学，论者谓为孑民平日提倡民权之影响。孑民亦以是引咎而辞职。

南洋公学学生既退学，谋自立学校，乃由孑民为介绍于中国教育会，募款设校，沿女学校之名，曰爱国学社。以孑民为代表，请吴稚晖君、章太炎君等为教员。与《苏报》订约，每日由学社教员任论说一篇（孑民及吴、章诸君，凡七人，迭任之，一周而遍）。而《苏报》馆则每月助学社银一百圆以为酬。于是《苏报》馆遂为爱国学社之机关报矣。吴君又发起张园演说会，昌言革命。会南京陆师学堂退学生十余人，亦来学社，章行严君其一也。于是请彼等教授兵式体操。孑民亦剪发，服操衣，与诸生同练步伐。无何，留日学生为东三省俄兵不撤事，发起军国民教育会，于是爱国学社亦组织义勇队以应之。是时，爱国学社几为国内惟一之革命机关矣。

方爱国学社之初设也，经费极支绌。其后名誉大起，捐款者渐多，而其中高材生，别招小学生徒，授以英、算，所收学费，亦足充社费之一部。于是学社勉可支持，而其款皆由中国教育会经理，社员有以是为不便者，为学社独立之计画，布其意见于学社之月刊。是时会中已改举乌目山僧为会长，而孑民为副会长与评议长。于是开评议会议之。孑民主张听学社独立，谓鉴于梁卓如与汪穰卿争《时务报》，卒之两方而均无结果，而徒授反对党以口实。乌目山僧赞成之，揭一文于《苏报》，贺爱国学社独立，而社员亦布《敬谢中国教育会》一文以答之。此问题已解决矣。而章太炎君不以为然，以前次评议会为少数者之意见，则以函电招离沪之评议员来，重行提议，多数反对学社独立。孑民以是辞副会长及评议长，而会员即举章君以代之。于是孑民不与闻爱国学社事矣。

方孑民尽力于爱国学社时，其兄鉴清亦在上海，甚危之。与戚友商议，务使孑民离上海。然孑民对于学社，方兴高采烈，计无所出。及其决计脱离学社，于是由沈乙斋君从容劝其游学。孑民言游学非西洋不可，且非德国不可，然费安从出。沈谓："吾当为君筹之。"其后告以汤、张、刘、徐等，均每月贷款若干，可以成行。于是探行程于陈敬如君，则谓："是时启行，将以夏季抵红海，热不可耐，盍以秋季行，且盍不先赴青岛习德语？"于是有青岛之行。

当孑民任南洋公学教员时，曾于暑假中游历日本。到东京未久，适吴稚晖君以陆军学生事，与驻日公使蔡钧冲突，由日警强迫上船。是时，陆仲芬君等将伴送至长崎。相与议曰："万一所乘船直赴天津，则甚危，谁可偕去？"孑民以在日本无甚要事，且津、京均旧游地，则曰："我偕去。"于是偕吴君归国。或疑孑民曾在日本留学者，误也。

张园之演说会，本合革命与排满为一谈。而是时邹蔚丹君作《革命军》一书，尤持"杀尽胡人"之见解。孑民不甚赞同，曾于《苏报》中揭《释仇满》一文，谓"满人之血统，久已与汉族混合。其语言及文字，亦已为汉语汉文所淘汰。所可为满人标识者，惟其世袭爵位，及不营实业而坐食之特权耳。苟满人自觉，能放弃其特权，则汉人决无杀尽满人之必要"云云（其文惟从前坊间所印之《黄帝魂》曾选之）。当时注意者甚鲜。及辛亥革命，则成为舆论矣。

孑民到青岛不及一月，而上海《苏报》案起，不涉孑民。案既定，孑民之戚友，以为游学之说，不过诱孑民离上海耳。今上海已无事，无游学之必要，遂取消每月贷款之议。而由孑民之兄，以上海有要事之电，促孑民回。既回，遂不能再赴青岛，而为外交、报馆译日文以自给。

孑民在青岛，不及三月，由日文译德国科培氏《哲学要领》一册，售稿于商务印书馆。其时无参考书，又心绪不甚宁，所译人名多诘屈。而一时笔误，竟以空间为宙，时间为宇。常欲于再版时修正之。

# 运动革命时代

孑民既自青岛回，中国教育会新得一会员，为甘肃陈竞全君。自山东某县知县卸任来沪，小有积蓄，必欲办一日报。乃由孑民与王小徐君、汪允宗君等组织之。陈君任印刷费及房费，而办报者皆尽义务，推王君为编辑。以是时俄事方亟，故名曰《俄事警闻》。不直接谈革命，而常译述俄国虚无党历史以间接鼓吹之。每日有论说两篇，一文言，一白话，其题均曰告某某，如告学生、告军人之类。此报于日俄战争后，改名《警钟》。其编辑，由王君而嬗于孑民，又嬗于汪允宗、林少泉、刘申叔诸君。自王君去后，均不免直接谈革命，历数年之久，卒被封禁云。

是时西洋社会主义家，废财产、废婚姻之说，已流入中国。孑民亦深信之。曾于《警钟》中揭《新年梦》小说以见意。惟其意，以为此等主义，非世界大多数人承认后，决难实行，故传播此等主义者，万不可自失信用。尔时中国人持此主义者，已既不名一钱，亦不肯作工，而惟攫他人之财以供其挥霍，曰："此本公物也。"或常作狭邪游，且诱惑良家女子，而有时且与人妒争，自相矛盾。以是益为人所姗笑。孑民尝慨然曰："必有一介不苟取之义，而后可以言共产；必有坐怀不乱之操，而后可以言废婚姻。"对于此辈而发也。

自东京同盟会成立后，杨笃生君、何海樵君、苏凤初君等，立志从暗杀下手。乃集同志六人，学制造炸弹法于某日人，立互相鉴察之例，甚严。何君到上海访孑民，密谈数次。先介绍入同盟会，次介绍入暗杀团。并告以苏君将来上海转授所学于其他同志。其后苏君偕同志数人至，投孑民。孑民为赁屋，并介绍钟宪鬯君入会，以钟君精化学，且可于科学仪器馆购仪器、药品也。开会时，设黄帝位，写誓言若干纸，如人数，各签名每纸上，宰一鸡，洒血于纸，跪而宣誓，并和鸡血于酒而饮之。其誓言，则每人各藏一纸。乃教授制炸药法，若干日而毕。然能造药矣，而苦无弹壳。未几，黄克强、蒯若木、段口书[1]诸君，先后自东京来，携弹壳十余枚。是时王小徐君、孙少侯君已介绍入会，乃由孙君携弹药至南京隐僻处，试之，不适用。其后杨笃生君来，于此事尤极热心，乃又别赁屋作机关，日与王、钟诸君研究弹壳之改良。其时费用，多由孙君担任，而经营机关，则孑民与其弟元康任之。元康既由孑民介绍入会，则更介绍其同乡王子余、俞英厓、王叔枚、裘

① 《蔡元培全集》释为"段云书"。——编者注

吉生及徐伯荪诸君。徐君是时已联络嵊、天台诸会党，而金、衢、严、处诸府会党，则为陶焕卿君所运动。孑民既介绍陶君入会，则乘徐、陶二君同到上海之机会，由孑民与元康介绍陶君于徐君，而浙江会党始联合焉。制弹久不成，杨君奋然北行。抵保定，识吴樾君及其他同志三人，介绍入会。并为吴君介绍于孑民，言吴君将送其妹来上海，进爱国女学校。吴君后来函，言有事不能即来。未久而中国第一炸弹，发于考察宪政五大臣车上。孑民等既知发者为吴君，则弹必出杨君手，恐其不能出京。孙少侯君乃借捐官事北上，访杨君于译学馆。知已被嫌疑，有监察者。其后杨君卒以计，得充李木斋君随员而南下。

孑民既却《警钟》编辑之任，则又为爱国女学校校长。其时并不取贤母良妻主义，乃欲造成虚无党一派之女子，除年幼者照通例授普通知识外，年长一班，则为讲法国革命史、俄国虚无党主义等，且尤注重化学。然此等教授法，其成效亦未易速就。其后，遂由中国教育会中他会员主持，渐改为普通中学校矣。

## 游学时代

孑民在上海所图皆不成，意颇倦。适绍兴新设学务公所，延为总理。丙午春，遂回里任事。未久，以所延干事受人反对，后又以筹款设师范班，受人反对，遂辞职。

是时清政府议派编检出洋留学，孑民遂进京销假，请留学欧洲。无何，愿赴欧美者人数太少，而政府又拙于经费，悉改派赴日本。孑民不愿。而译学馆自杨笃生君出京后，尚未得适当之国文教员，章一山君延孑民任之，兼授西洋史。教授数月，颇受学生欢迎。

丁未，孙慕韩君任驻德公使，允每月助孑民以学费三十两。又商务印书馆亦订定，每月送编译费百元。孑民于是偕孙君赴柏林。

在柏林一年，习德语外，并编书。又由孙君介绍，以国文授唐氏子弟四人。（每月得脩德币百马克。）第二年，迁居来比锡，进大学听讲，凡三年。于哲学、文学、文明史、人类学之讲义，凡时间不冲突者，皆听之。尤注重于实验心理学及美学，曾进实验心理学研究所，于教员指导之下，试验各官能感觉之迟速、视后遗象、发音颤动状比较表等。进世界文明史研究所，研究比较文明史。又于课余，别延讲师，到寓所，讲授德国文学。此四年中，编《中学修身教科书》五册，《中国伦理学史》一册，译包尔生《伦理学原理》一册。

《中国伦理学史》谓："《孟子》之杨朱即庄周，为我即全己之义，《庄子》中说此义者甚多；至《列子·杨朱篇》乃魏晋间颓废心理之产物，必非周季人所作。”又清儒中特揭黄梨洲、戴东原、俞理初三氏学说，以为合于民权、女权之新说。黄、戴二氏，前人已所注意，俞氏说则孑民始拈出之。

孑民在来比锡时，闻其友李石曾言肉食之害。又读俄国托尔斯泰氏著作，描写田猎惨状，遂不食肉。尝函告其友寿孝天君，谓：“蔬食有三义：（一）卫生，（二）戒杀，（三）节用，然我之蔬食，实偏重戒杀一义。因人之好生恶死，是否迷惑，现尚未能断定。故卫生家最忌烟酒，而我尚未断之。至节用，则在外国饭庄，肉食者有长票可购，改为蔬食而特饪，未见便宜。（是时尚未觅得蔬食饭馆，故云尔。）故可谓专是戒杀主义也。”寿君复函，述杜亚泉君说：“植物未尝无生命，戒杀义不能成立。”孑民复致函，谓：“戒杀者，非论理学问题，而感情问题。感情及于动物，故不食动物。他日，若感情又及于植物，则自然不食植物矣。且蔬食者亦非绝对不杀动物，一叶之蔬、一勺之水，安知不附有多数动物，既非人目所能见，而为感情所未及，则姑听之而已。不能以论理学绳之也。”

## 教育总长时代

辛亥武昌起义，孑民受柏林同学之招，赴柏林助为鼓吹。

未几，回国，于同盟、光复两会间，颇尽调停之力。南京政府成立，任教育总长。是时，陆费伯鸿君方主任商务印书馆之《教育杂志》，曾语孑民，谓：“近时教育界，或提倡军国民主义，或提倡实利主义，此两者实不可偏废。”然孑民意以为未足，故宣布《蔡孑民对于教育方针之意见》，谓：“教育界所提倡之军国民主义及实利主义，固为救时之必要，而不可不以公民道德教育为中坚。欲养成公民道德，不可不使有一种哲学上之世界观与人生观，而涵养此等观念，不可不注重美育。”美育者，孑民在德国受有极深之印象，而愿出全力以提倡之者也。

孑民所谓公民道德，以法国革命时代所揭著之自由、平等、友爱为纲，而以古义证明之，谓：“自由者，富贵不能淫，贫贱不能移，威武不能屈，是也，古者盖谓之义。平等者，己所不欲，勿施于人是也，古者盖谓之恕。友爱者，己欲立而立人，己欲达而达人是也。古者盖谓之仁。”

孙中山既辞总统职，欲派员迎袁项城来南京就职，其资格须同盟会会员而又现任阁员者，以孑民为合格，故派之。此行人人知必不能达目的，然南京政府必须有此一举，遂往迎。及北京兵变，知袁氏决无南来之望，乃承认其在北京就总统职。孑民有宣言，见当时北京各报。

唐少川君在北京拟南北混合内阁名单，仍以教育总长属孑民，而孑民力持不可，荐范静生君自代，已定矣。范君时适在南京，闻讯，即行，并言决不承认。而外间不知因由者，且谓中山怪孑民不能迎袁来南，故褫其职。于是唐君仍商于孑民，孑民不能不承认矣。混合内阁中，总理已入同盟会，其他阁员，则自司法、教育、农林、工商四部外，皆非同盟会员也。同盟会员主用内阁制，以为事事皆当取决于国务院；而非同盟会员，主用总统制，以为事事须承旨于总统。于是最当冲之财政、军政大问题，皆直接由总统府处理，并不报告于国务会议。孑民愤然，谓不能任此伴食之阁员，乃邀王亮畴、宋遁初、王儒堂三君密议，谓宜辞职，尽由彼等组织一纯粹非同盟会之内阁，均赞成，乃以四人之公意告唐少川君，唐亦赞成。其后，唐君辞职，孑民等虽备受挽留，决不反顾。人或疑其何以固执若此，不知彼等已早有成约，且孑民为倡议人，决无唐去而独留之理也。孑民有宣言一篇，当时各报均载之。

孑民在教育总长任，于普遍教育司、专门教育司外，特设社会教育司，以为必有极广之社会教育，而后无人无时不可以受教育，乃可谓教育普及。又改大学之八科为七科，以经科并入文科，谓《易》《论语》《孟子》等已入哲学门，《诗》《尔雅》已入文学门，《尚书》《三礼》《大戴记》《春秋三传》已入史学门，无庸别为一科。又以大学为研究学理之机关，宜特别注重文、理两科，设法、商等科而不设文科者，不得为大学；设医、工、农等科而不设理科者，亦不得为大学云。

## 第二游学时代

民国元年夏，孑民既辞职，秋，遂偕眷属再赴德国，仍至来比锡，仍在大学听讲，并在世界文明史研究所研究。二年夏，得上海电，以宋案促归国，遂归。奔走调停，亦无效果，卒有赣宁之战。是年秋，孑民复偕眷属赴法国，住巴黎近郊一年。欧战开始，遂迁居法国西南境，于习法语外，编书，且助李石曾、汪精卫诸君办理留法俭学会，组织华法教育会，不能如留德时之专一矣。

在法，与李、汪诸君初拟出《民德报》，后又拟出《学风杂志》，均不果。其时编《哲学大纲》一册。多采取德国哲学家之言，惟于宗教思想一节，谓："真正之宗教，不过信仰心。所信仰之对象，随哲学之进化而改变，亦即因各人哲学观念之程度而不同。是谓信仰自由。凡现在有仪式有信条之宗教，将来必被淘汰。”是孑民自创之说也。

孑民深信徐时栋君所谓《石头记》中十二金钗，皆明珠食客之说，随时考检，颇有所得。是时应《小说月报》之要求，整理旧稿，为《〈石头记〉索隐》一册，附月报分期印之，后又印为单行本。然此后尚有继续考出者，于再版、三版时，均未及增入也。

其时又欲编《欧洲美学丛述》，已成《康德美学述》一卷，未印。编《欧洲美术小史》，成《赖斐尔》一卷，已在《东方杂志》印行。

为华工学校编修身讲义数十首，《旅欧杂志》中次第印行。

## 大学校长时代

五年秋，孑民在法，得教育部电，促返国，任北京大学校长。遂于冬间回国。六年一月，始任事于北京大学。其时北京大学学生，颇为社会所菲薄。孑民推求其故，以为由学生之入大学，仍抱科举时代思想，以大学为取得官吏资格之机关。故对于教员之专任者，不甚欢迎。其稍稍认真者，且反对之。独于行政、司法界官吏之兼任者，虽时时请假，年年发旧讲义，而学生特别欢迎之，以为有此师生关系，可为毕业后奥援也。故于讲堂上领受讲义，及当学期、学年考试时，要求题目范围特别预备外，对于学理，毫无兴会。而讲堂以外，又无高尚之娱乐与学生自动之组织。故学生不得不于学校以外，竞为不正当之消遣。此人格所由堕落也。乃于第一日对学生演说时，即揭破“大学学生，当以研究学术为天责，不当以大学为升官发财之阶梯”云云。于是推广进德会，以挽奔竞及游荡之习。并延积学之教授，提倡研究学问之兴会。助成体育会、音乐会、画法研究会、书法研究会等，以供正当之消遣。助成消费公社、学生银行、校役夜班、平民讲演团等，及《新潮》等杂志，以发扬学生自动之精神，而引起其服务社会之习惯。从前大学预科，自为组织，不求与本科第一年相衔接。于是第一步，解散独立组织，使分隶各科。第二步，改为预科二年，本科四年，合六年课程，通盘计画，不使复重。

理科之门类既未全，设备亦甚单简，教室、实验室又无可扩张。而工科所设之门，与北洋大学全同。同为国立大学，京、津相去又近，无取重设。于是商之教育部及北洋大学，以工科归并北洋，而以北洋之法科归并北京。得以所省工科之地位及经费，供扩张理科之用。

旧有商科，毫无设备，而讲授普通商业学。于是第一步，并入法科，为商业学门。第二步，则并商业门亦截止，而议由教育部别设完备之商科大学。

孑民之意，以为大学实止须文理科，以其专研学理也。而其他医、工、农、法诸科，皆为应用起见，皆偏于术，可仿德国理、工、农、商高等学校之制，而谓之高等学校。其年限及毕业生资格，皆可与大学齐等。惟社会上，已有大学医科、大学工科之习惯，改之则必启争端。故提议文理科为本科大学。以医、工、农、法、商为分科大学。所谓分科者，以其可独立而为医科大学、工科大学等，非如文理科必须并设也。（比较元年之见解，又进一层。）又现行之专门学校四年制，于适当时期截止。因日本并设各科大学与专门两种，流弊已见，我国不必蹈其覆辙也。在校务讨论会通过，教育部则承认此制，而不用本科、分科之名。

孑民又发见文理分科之流弊，即文科之史学、文学，均与科学有关，而哲学则全以自然科学为基础，乃文科学生，因与理科隔绝之故，直视自然科学为无用，遂不免流于空疏。理科各学，均与哲学有关，自然哲学，尤为自然科学之归宿，乃理科学生，以与文科隔绝之故，遂视哲学为无用，而陷于机械的世界观。又有几种哲学，竟不能以文理分者，如地理学，包有地质、社会等学理。人类学，包有生物、心理、社会等学理。心理学，素隶于哲学，而应用物理、生理的仪器及方法。进化学，为现代哲学之中枢，而以地质学、生物学为根据。彼此交错之处甚多。故提议沟通文理，合为一科。经专门以上学校会议，及教育调查会之赞成，由北京大学试办。

又发现年级制之流弊，使锐进者无可见长。而留级者每因数种课程之不及格，须全部复习，兴味毫无，遂有在教室中渴睡、偷阅他书及时时旷课之弊。而其弊又传染于同学。适教员中有自美国回者，力言美国学校单位制之善。遂提议改年级制为单位制，亦经专门以上学校会议通过，由北京大学试办。

以上皆孑民长北京大学博采众议励行革新之荦荦大端也。

国史馆停办后，仿各国例，附入北京大学史学门。孑民所规画者，分设征集、纂辑两股。纂辑股又分通史、民国史两类。通史先从长编及辞典入手。长编又分政治史及文明史两部。政治史，先编记事本末及书志，以时代为次，分期任编，凡各书有异同者，悉依原文采录之，如马骕绎史之例。俟长编竣事，乃付专门史学家，以一手修之为通史，而长编则亦将印行以备考也。文明史长编，分科学、哲学、文学、美术、宗教等部，分部任编，亦将俟编竣，而由文明史家一手编定之。辞典，分地名、人名、官名、器物、方言等，先正史，次杂史，以次及于各书，分书辑录，一见、再见，见第几卷第几叶，皆记之。每一书辑录竟，则先整理之为本书检目。俟各书辑录俱竣，乃编为辞典云。两年以来，所征集之材料及纂辑之稿，已粲然可观矣。

孑民以大学为囊括大典、包罗众家之学府，无论何种学派，苟其持之有故、言之成理者，兼容并包，听其自由发展，曾于《北京大学月刊》之发刊词中详言之。然中国素无思想自由之习惯，每好以己派压制他派，执持成见，加酿嘲辞，遂有林琴南君诘问之函，孑民据理答之。其往复之函，具见各报，国人自有公评也。

## 言行杂录

（已分见各节，补记数条于下）

孑民最不赞成中国合食之法，而亦不赞成西洋菜。以为烹饪之法，中国最为进步，惟改合食为分食可矣。于管理爱国女学校时，于办绍兴学务公所时，于长教育部时，皆提倡之。于北京大学，特备西洋食具，宴外宾时，均用中国酒菜。

孑民最不喜坐轿，以为以人舁人，既不人道，且以两人或三四人代一人之步，亦太不经济也。人力车较为经济矣，然目视其伛偻喘汗之状，实大不忍。故有船则乘船，有公车则乘公车。彼以为脚踏车及摩托车，最文明。必不得已而思其次，则马车。以两人一马代步，而可容三四人，较轿为经济。能不竭马力，亦尚留爱物地步。其不得已而乘人力车，则先问需钱若干，到则付之，从不与之计较也。

孑民于应用文，极端赞成用国语。对于美术文，则以为新旧体均有美学上价值。新文学，如西洋之建筑、雕刻、图画，随科学、哲学而进化；旧文学，注重于音调之配置，字句之排比，则如音乐，如舞蹈，如图案，如中国之绘画，亦不得谓之非美术也。

孑民对于欧战之观察，谓国民实力，不外科学、美术之结果。又谓此战为强权论与互助论之竞争。同盟方面，代表强权论。协约方面，代表互助论。最后之胜利，必归互助论。曾于浙江教育会、北京政学会演说之，时为五年之冬，两方胜负未决也。

孑民对于宗教，既主张极端之信仰自由，故以为无传教之必要。或以为宗教之仪式及信条，可以涵养德性，孑民反对之，以为此不过自欺欺人之举。若为涵养德性，则莫如提倡美育。盖人类之恶，率起于自私自利。美术有超越性，置一身之利害于度外。又有普遍性，独乐乐不如与人乐乐，与寡乐乐不如与众乐乐，是也。故提出以美育代宗教说，曾于江苏省教育会及北京神州学会演说之。

孑民又提倡劳工神圣说，谓；“出劳力以造成有益社会之事物，无论所出为体力，为脑力，皆谓之劳工。故农、工、教育家、著述家，皆劳工也。商业中，惟消费公社，合于劳工之格。劳工当自尊，不当羡慕其他之不劳而获之寄生物。”曾于《勤工俭学传》序，及天安门演说时畅言之。

孑民小名阿培，入塾时，加昆弟行通用之元字，曰元培。其叔父茗珊君字之曰鹤卿。及孑民治小学，慕古人名字相关之习，且以“鹤卿”二字为庸俗，乃自字曰仲申，而号曰寉廎。及在爱国学社时，自号曰民友。至《警钟》时代，则曰：“吾亦一民耳，何谓民友。”乃取“周余黎民，靡有孑遗”二句中字，而号曰孑民，以至于今焉。孑民曾改名蔡振，则因彼尝为麦鼎华君序《伦理学》，谓：“四书五经，不合教科书体裁。”适为张南皮所见，既不满麦书，而谓蔡序尤谬妄。商务印书馆恐所印书题蔡元培名，或为政府所反对，商请改署，故孑民于所译包尔生《伦理学原理》及所编《中国伦理学史》，皆假其妻黄女士之名而署蔡振云。

近时蒋梦麟博士于到北京时，对于北京大学学生演说，讲到蔡先生的精神，谓："（一）温良恭俭让，蔡先生具中国最好之精神；（二）重美感，是蔡先生具希腊最好之精神；（三）平民生活，及在他的眼中，个个都是好人，是蔡先生具希伯来最好之精神。蔡先生这精神，是那里来的呢？是从学问来的。"闻者均以为确当。

（据1920年新潮社编《蔡孑民先生言行录》）

# 传略（下）[①]

（1935年9月25日）

民国八年，青岛外交问题，激起空前之罢学风潮，首起于北京大学，次及于北京各校。五月四日，北大及北京各校学生有执旗示威举动，旗书“誓死争青岛”“诛卖国贼曹、章、陆”等字样，并殴伤章宗祥，焚毁曹汝霖住宅。学生被捕者三十余人。北京十四校校长向警厅保释，先生以北大校长至愿一人抵罪，均未允。五月九日，总统徐世昌颁布命令，历述伤人、焚宅等事，且有将滋事学生送交法庭依法办理等语。先生颇愤懑，遂于五月九日上午八时出走天津，留递辞呈两件，一致总统徐世昌，一致教育总长傅增湘，表明辞职之意，措词极为坚决。并在北京各报发表启事，云：“我倦矣！‘杀君马者

① 1935年8月，蔡元培向高平叔口述了他“五四”以后的经历，高平叔记了一份大纲。此篇是高平叔根据这份大纲并补充了1935年9月以后的内容而成。

道旁儿’‘民亦劳止，汔可小休’，我欲小休矣。北京大学校长之职，已正式辞去；其他向有关系之各学校、各集会，自五月九日起，一切脱离关系。特此声明，惟知我者谅之！”

先生出京后，国人对上述启事颇多误解，而于“杀君马”一语尤甚。有谓先生当段祺瑞内阁时代，有某种印刷物为段所忌；又谓先生主北大时，取学术自由主义，容纳新旧学派，为旧派所嫉；又谓学潮爆发时，政府有解散大学、罢免校长之主张，而一般旧官僚以此次学期为北大倡导新学派之结果，咸集矢于先生；尚有望文生义者，谓“君”者指政府，“马”者指曹、章，“道旁儿”指各校学生。实则先生以为非自身离京不足以弥平学潮。外传云云，均非事实。

先生离京数月，学潮方始平息。政府及北大教职员、学生挽留函电叠至。彼时，先生在杭州，与北来友人商定程序。先请蒋梦麟氏北上，继发表《告北京大学学生暨全国学生联合会书》。九月返校。

九年十一月，教育部派先生往欧美考察教育，与罗钧任氏同行，罗氏考察司法。先至巴黎，法国教育部表示对于吾国学者之钦崇，特授先生荣誉学位，典礼极隆重。旋赴荷兰、瑞典、意大利、比利时、德、英等国。

黄仲玉夫人于先生抵巴黎次日在北京逝世，先生在瑞士撰祭文云。

先生在欧洲各国考察毕，于十年七月赴美国，接受纽约大学哲学博士荣誉学位。旋遍游美国各大城市，为北京大学建筑图书馆向华侨募捐。是年十月，教育部电请过檀香山，出席太平洋教育会议，归国。

十一年，彭允彝氏长教育，时罗钧任氏忽以金佛郎案被逮，比开释，彭氏再请拘捕，罗氏又入狱，引起先生及蒋梦麟、邵飘萍诸氏之不平，先生遂发表宣言，表示与彭允彝不能合作。悄然出京，住天津颇久。宣言原文如下：

（一）我绝对不能再作那政府任命的校长。为了北京大学校长是简任职，是半官僚性质，便生出许多官僚的关系，那里用呈，那里用咨，天天有一大堆无聊的照例的公牍。要是稍微破点例，就要呈请教育部，候他批准。什么大学文、理科叫作本科的问题，文、理合办的问题，选科制的问题，甚而小到法科暂省学长的问题，附设中学的问题，都要经那拘文牵义的部员来斟酌。甚而部里还常常派了什么一知半解的部员来视察，他报告了，还要发几个训令来训饬几句。我是个痛恶官僚的人，能甘心仰这些官僚的鼻息么？我将进北京大学的时候，没有想到这一层，所以两年有半，天天受这个苦痛。现在苦痛受足了，好容易脱离了，难道还肯投入去么？

（二）我绝对不能再作不自由的大学校长。思想自由，是世界大学的通例。德意志帝政时代，是世界著名专制的国家，他的大学何等自由。那美、法等国，更不必说了。北京大学，向未受旧思想的拘束，是很不自由的。我进去了，想稍稍开点风气，请了几个比较的有点新思想的人，提倡点新的学理，发布点新的印刷品，用世界的新思想来比较，用我的理想来批评，还算是半新的。在新的一方面偶有点儿沾沾自喜的，我还觉得好笑。那知道旧的一方面，看了这点半新的，就算“洪水猛兽”一样了。又不能用正当的辩论法来辩论，鬼鬼祟祟，想借着强权来干涉。于是教育部来干涉了，国务院来干涉了，甚而什么参议院也来干涉了，世界有这种不自由的大学么？还要我去充这种大学的校长么？

（三）我绝对不能再到北京的学校任校长。北京是个臭虫窠（这是民国元年袁项城所送的徽号，所以他那时候虽不肯到南京去，却有移政府到南苑去的计画）。无论何等高尚的人物，无论何等高尚的事业，一到北京，便都染了点臭虫的气味。我已经染了两年有半了，好容易逃到故乡的西湖、鉴湖，把那个臭气味淘洗净了。难道还要我再作逐臭之夫，再去尝尝这气味么？

我想有人见了我这一段的话，一定要把“我不入地狱，谁入地狱”的话来劝勉我。但是我现在实在没有到佛说这句话的时候的程度，所以只好谨谢不敏了。

先生以黄夫人逝世，已逾期年，家庭状况不能不续娶，其择偶条件：（一）原有相当认识；（二）年龄略大；（三）须熟谙英文而能为先生之助者。先生属意爱国女学旧同学周峻（养浩）女士。周女士在先生主持爱国时即来就学，又进承志、启明诸校，毕业后，服务社会多年，且素有出国志愿。先生当托徐仲可夫人介绍（徐夫人前任爱国女学舍监，与养浩夫人善），得夫人同意，遂于十二年七月十日在苏州举行婚礼。婚后，先生、夫人携同女公子威廉、公子柏龄同往比利时，夫人及女公子进不鲁塞美术学校研究美术；公子入比国劳动大学研究工艺。

十三年春，夫人及女公子感于比利时研究艺术之不宜，改往法国。夫人进巴黎美专，女公子入里昂美专，公子仍留比学工。先生则往来于比法两国间，照料夫人、女公子、公子学业；并襄助李石曾、吴稚晖诸氏办理里昂中法大学及华法教育事宜。

十三年秋，先生赴伦敦，与陈剑脩、黄建中、潘绍棠诸氏为退回庚子赔款之运动。旋得教育部电请赴荷兰、瑞典出席民族学会，该会专研讨哥伦布未发见新大陆前的美洲民族问题，先生撰有论文一篇，由谢寿康氏译为法文送会。与会时，遇德国民族学家但采尔教授，但教授为先生留学来比锡大学时之同学，劝先生往汉堡大学研究（汉堡民族博物馆材料极丰富），先生遂于十四年偕夫人赴德，在汉堡大学研究民族学。

先生于十五年二月依教育部电促返国。是时，先生尚未辞去北大校长。抵沪，适平、津交通断绝，无法北上，乃留沪参加皖、苏、浙三省联合会，该会系响应国民革命军北伐之组织。浙江省科学院筹备处成立，推先生兼任正主任。是年冬，先生任浙江政治分会委员，赴宁波出席会议。时北洋军阀在浙又占优势，分会委员分途暂避，先生与马寅初氏同往象山，又改往临海，再乘带鱼船往福州。

先生在福州及厦门两阅月，由集美学校借捕鱼船送至温州，又换船至宁波，再由宁波到杭州，参加浙江政治分会。国民政府成立，遂进京，参加中央政治会议，任中央监察委员、国民政府委员、国民政府教育行政委员会常务委员，试办江苏、浙江、北平三大学区。同年，先生又与李石曾、张静江诸氏提议设中央研究院及北平、浙江研究院，通过。由大学院呈准先设中央研究院，先生以大学院长兼任中央研究院院长。

十七年五月，先生在大学院召开第一次全国教育会议，集各省市教育行政主管人员、大学校长及专家七十余人，会期亘两星期，议案四百余事，凡教育上重要问题，多得适当之解决。是年，政府改组，大学院改为教育部，先生不愿兼任部长，并辞去所兼任之监察院长及司法部长，辞函中有“去志早决，义无返顾”等语。先生一生难进易退，大抵如此。

先生自辞去大学院长、监察院长、司法部长、专任中央研究院院长后，对国事仍异常关怀。二十年冬，与张溥泉诸氏赴粤，代表中央接洽和议，当邀同粤方代表孙哲生诸氏来沪，作进一步协商，结果颇圆满。二十一年，受教育部委托，整理中央大学。迭次中央执监委员会全体会议，均出席发表意见。其他有关文化学术之重要设施，如中华教育文化基金董事会、故宫博物院、北平及上海图书馆、伦敦艺术展览会等，靡不参与。而于中央研究院，尤殚思竭虑，力图进展。二十四年九月，罗致全国学者，组织中央研究院评议会，并举行第一次、第二次会议，规画推进学术研究工作颇详。

先生“尚推想而拙于记忆，性近于学术而不宜于政治”，颇欲研究民族学以终老。先生曾言：“我是一个比较的还可以研究学问的人，我的兴趣也完全在这一方面。自从任了半官式的国立大学校长，不知每天要见多少不愿意见的人，说多少不愿意说的话，看多少不愿意看的信，想腾出一两点钟读读书，竟做不到了，实在苦痛极了！”南来以后，烦杂更倍往昔。先生遂于二十四年七月，发表启事，声明三事：（一）辞去兼职；（二）停止接受写件；（三）停止介绍职业。抄录原文如下：

“以元培之年龄及能力，聚精会神，专治一事，犹恐不免陨越；若再散漫应付，必将一事无成。今自八月起，画一新时代，谨为左列三项之声明，幸知友谅之。

（一）辞去兼职

荀子有言：‘行衢道者不至。’又曰：‘鼫鼠五技而穷。’治学治事，非专不可。余自民元以来，每于专职以外，复兼其他教育文化事业之董事及委员等，积累既久，其数可惊。‘老者不以筋力为礼，贫者不以货财为礼’，虽承各方体谅，不以奔走权门、创捐巨款相责，而文书画诺、会议主席，以及其他排难解纷、筹款置产之类，亦已应接不暇。衰老之躯，不复堪此。爰次第辞去，略如左方；其所不及，以此类推。

中国公学校董兼董事长

上海法学院校董

上海美术专科学校校董兼主席校董

爱国女学校董兼主席校董

苏州振华女学校董

南通学院校董

北平孔德学校校长

中华职业教育社评议员

中华教育文化基金董事会董事及董事长

故宫博物院理事及理事长

鸿英教育基金董事会董事及董事长

全国国语教育促进会会长

寰球中国学生会会员

中华慈幼协会会员

中国经济统计社社员

太平洋国际学会会员

国际问题研究会会员

音乐艺文社社员

大同乐会董事长及副董事长

中国教育电影协会监事

杭州农工银行监理

国立北平图书馆馆长

上海市图书馆临时董事会董事及董事长

（二）停止接受写件

余不工书，而索书者纷至，除拨冗写发者外，尚积存数百件。方拟排日还债，而后者又接踵而至，将永无清偿之一日。今决定停收写件，俟积纸写完，再行定期接受。

（三）停止介绍职业

事需人，人需事，谙悉两方情形者，本有介绍之义务。然现今人浮于事，不知若干倍？要求介绍者，几乎无日无之，何厚于此，何薄于彼？一而二，二而三，以至于无穷。遇有一新设之机关或机关之长官更迭时，则往往同时、同处接到我多数之介绍函，其效力遂等于零。在我费无谓之光阴，在被介绍者耗无谓之旅费，在受函者亦甚费无谓之计较与答复，三方损失，何苦而为之！近日政府有全国学术工作咨询处，社会有职业指导所，各报亦有“自我职业介绍”及“谋事者鉴”等栏；且现在各国失业调查及救济之方策，我政府亦必将采用。个人棉力，讫可小休。

**中华民国二十四年七月三十一日　蔡元培谨启”**

二十五年冬，先生忽卧病，濒危者再，卒以诊治得宜，调养经年，渐告痊可。此后身体转弱，时愈时发。

“八·一三”沪战后，先生忧怀国事，每欲驰往国外，争取友邦同情。二十七年春，移居香港，旋迁往九龙柯士甸道新寓。又拟转入内地，襄理大计。笔者是年秋过港，先生犹殷殷以昆明相晤为期，言犹在耳！但以高年远行，不堪劳瘁，均未果行。同年，先生为国际反侵略运动大会中国分会撰《会歌》一首，云：

> “公理昭彰，战胜强权在今日。概不问，领土大小，军容赢诎。文化同肩维护任，武装合组抵抗术。把野心军阀尽排除，齐努力。 我中华，泱泱国。爱和平，御强敌。两年来，博得同情洋溢。独立宁辞经百战，众擎无愧参全责。与友邦共奏凯旋歌，显成绩。
>
> 蔡元培拟作，用《满江红》词调，凡有。处皆押韵之字”

先生于二十九年三月三日在九龙寓所失足仆地，伤及内部，虽经输血手术，终以年高体弱，回天乏术，延至五日晨九时四十五分逝世，享年七十四岁。遗夫人周养浩女士，子无忌、柏龄、怀新、英多；女威廉（二十八年去世）、睟盎。先生得病经过，有如王云五氏所述：

“蔡先生年来息影香港，深居简出；去岁迁往九龙新寓后，更少来港。今年废历新正初四日，先生偕夫人、公子等来港访谈，旋偕往香港仔午膳，顺游浅水湾等处，游兴甚浓，精神亦健。本月（三月）三日，先生在寓失足仆地，初以为无碍，旋竟吐血一口，家人悲慌，即召医诊治。惟因时值星期假日，故所延西医朱惠康至午始到，并为加延马利医院内科主任凌医生会同诊察，认为先生年事已高，宜防意外，故即商定过海入养和医院，悉心诊疗。途中由朱医生及蔡夫人侍伴。入院后，详为诊察，脉搏如常，似无大碍，乃为注射止血剂及葡萄糖针。本人于蔡先生赴院前及入院后，均往探望，见精神尚佳，无何异状。四日晨十一时再往医院探望，闻蔡夫人言，未续吐血；医师亦谓如不转变，或可出险。时蔡先生正睡着，故未与谈，即行辞出。

讵至午后二时，即接蔡夫人电话，谓先生病势转危，本人急往探视，知从肛门排血甚多，精神骤衰，且不甚清醒。急为先后延请李祖佑、李树芬及外籍医师惠金生、郭克等四医生，会同朱医生诊治，均认系胃瘤出血，恐难救治。初，各医均主施行输血手术营救，惟蔡夫人以先生年事已高，恐输血反应甚大，不能抵抗，故非至万不得已时，不愿施行；至是，以先生病势沉重，气息仅存，故不得已决定实行输血；惟时已深夜，原已验定之输血人遍觅不得，当时侍奉左右之蔡先生胞侄太冲及内侄周新，自愿输血，经赶往香港大学实验室检验，蔡君之血同型，乃即返院施行手术。在输血前，蔡先生已入极危险之状态，惠医生已断定无救；惟郭医生仍努力输血施救。输血后，经过良好，先生精神亦转佳。本人至今晨（即五日晨）四时始辞出。当以输血收效甚速，故定今日（五日）再行二次输血。今晨八时，接医院电话，知蔡先生又转危，本人即赶往医院，一面通知商务印书馆在职工中征求输血者，一面赶请医生急救。乃至九时四十五分，愿输血者数人赶至，未及施行手术，而先生已撒手长逝，痛哉！”

（高平叔记）

（据高平叔编著《蔡子民先生传略》，重庆商务印书馆，1943年3月出版）

# 后记

孙华[1]

蔡元培先生的教育思想博大精深，对于当代教育具有重要的借鉴意义。2001年，北京大学启动以蔡元培先生命名的本科教育教学改革项目——元培计划；2007年，元培学院正式成立。16年来，元培学院始终积极稳妥地推进北大本科教育教学改革，开展人才培养模式的探索与实践。值此蔡元培先生诞辰150周年和北京大学建校120周年之际，元培学院邀请蔡元培先生的孙女蔡磊砢老师，以及北京大学校史馆馆长马建钧老师、中国蔡元培研究会秘书长陈洪捷老师等北大师生共同编写了这本《大学教育》，重温北大传统，缅怀敬爱的老校长，以继承发扬“元培精神”。

① 孙华，博士、教授；北京大学元培学院党委书记兼副院长、元培学院院友会会长。

蔡元培先生（1868-1940），是中国杰出的教育家、思想家、民主主义革命家。中华民国首任教育总长、北京大学校长、中央研究院首任院长，为中国近代教育、文化、科学事业做出了开创性的贡献，被毛泽东誉为“学界泰斗，人世楷模”。

1916年12月26日，蔡元培先生出任北京大学校长，注重学术研究，倡导“思想自由、兼容并包”，奠定了北京大学的学术精神，使北大成为以学术自由而著称的最高学府，新文化运动的中心，五四爱国运动的发祥地。美国哲学家、教育家杜威这样评价道：“拿世界各国的大学校长来比较，牛津、剑桥、巴黎、柏林、哈佛、哥伦比亚等等，这些校长中，在某些学科上有卓越贡献的不乏其人；但是，以一个校长身份，而能领导那所大学对一个民族、一个时代，起到转折作用的，除蔡元培而外，恐怕找不出第二个。”蔡元培先生出任北大校长期间，以学术研究为本，设立研究所，创办学术刊物，鼓励师生学术争鸣，思想自由发展，推行教授治校；打破学科界限，推行学分制，促进文理两科的渗透与融合。北大开创了“学术”与“自由”之风，为中国现代大学的形成奠定了基础。蔡元培先生对中国教育事业的发展做出了很多重要的贡献，例如，他提出了军国民主义、实利主义、公民道德、世界观、美感教育的“五育并举”教育方针，使美育第一次以教育法规的形式被确立下来。蔡元培先生对中国基础教育的发展影响深远，在中小学废止读经，提出男女同校，倡导社会教育，推动教育的普及。

《大学教育》共收录了45篇蔡元培先生的作品和讲稿，分为北大改革篇、学生篇、教育理念篇、文化篇、世界观篇、生平篇6个篇目，从各个侧面来呈现蔡元培先生的教育思想和理念。“大德垂后世，中国一完人”是北大校长蒋梦麟对蔡元培先生的评价，他说：“当中西文化交接之际，而先生应运而生，集两大文化于一身，其量足以容之，其德足以化之，其学足以当之，其才足以择之。呜呼！此先生之所以成一代大师欤！”通过阅读《大学教育》的45篇文章之后，我们会对这段话有更加深刻地体会：蔡元培从思想学术上为国人开导出一股新潮流，冲破了旧有习俗，推动了大局政治，这是十分正确的。正是因为蔡先生的兼容并包、思想自由，使得新文化有了立脚之地，使得北大成为新文化的堡垒，科学、民主的思想得以传播。因为从这个意义上讲，蔡元培不仅是现在北大的缔造者，也是中国大学理念和精神的缔造者。

为了给读者提供第一手资料，《大学教育》的主编蔡磊砢老师在编写过程中使用的大多是蔡元培先生的手稿原件，编辑、录入的任务非常繁重。元培学院的学生和院友，还有1位来自加拿大的留学生以及3位教育学院的硕士研究生参与了原稿的编辑、录入和校对工作。《大学教育》的编制凝结了北大师生对蔡元培先生的敬仰。梁漱溟先生说过：“蔡先生一生的成就不在学问，不在事功，而只在开出一种风气，酿成一大潮流，影响到全国，收果于后世。”

在这里，特别希望当代的大学生能够通过阅读《大学教育》这个“大家小书”引发更深入的思考：“做学生的第一件事就要读书。读书从浅近方面说，是要增加个人的知识和能力，预备在社会上做一个有用的人材；从远大的方面说，是要精研学理，对于社会国家和人类作最有价值的贡献。”。正如蔡元培当年对学生希望的那样：“在中国四万万同胞中，各人所负责任的重大，恐怕要算青年学生首屈一指了！就中国现时所处的可怜地位和可悲的命运而论，我们几乎可以说：凡是可摆脱这种地位、挽回这种命运的事情和责任，直接或间接都是要落在学生们的双肩上。”青年学生如何才能担此大任？第一是对于学术上的责任：“试问在现代的学术界，我们中国人对于人类幸福有贡献的究竟有几个人呢？无怪人家渐渐的看不起我们了。我们以后要想雪去被人轻视的耻辱，恢复我们固有的光荣；只有从学术方面努力，提高我们的科学知识，更进一步对世界为一种新的贡献，这些都是不能不首先属望于一般青年学生的。”第二是对于国家的责任：“今后想摆脱列强的羁绊，则非急图取消不平等条约不可。想把国民经济现状改良，使一般国能享独立、自由、富厚的生活，则非使国内政治能上轨道不可。昔范仲淹为秀才时，便以天下为己任，果然有志竟成。现在的学生们，又安可不以国家为己任。”第三是对于社会的责任：“我们中国的社会，是一个很老的社会，一切组织形式及风俗习惯，大都陈旧不堪，违反现代精神而应当改良。这也是要希望学生们努力实行的。因为一般年纪大一点的旧人物，有时纵然看得出，想得到，而以濡染太久的缘故，很少能彻底改革的。所以关于改良未来的社会一层，青年所负的责任也是很大的。”

教育是人类传承文明和知识、培养年轻一代、创造美好生活的根本途径，努力让每个孩子获得发展自身、奉献社会、造福人民的能力。蔡元培先生在担任北京大学校长时提出：“盖群性与个性之发展，相反而适以相成，是今日完全之人格，亦即新教育之标准也。”他认同无独立独行之能力者，终不足以担负国家之大事，“谓教育之目的，究系为个人乎？抑为社会与国家乎？盖惟此二性具备者，方得谓此后国家所需要之完全国民也。”北京大学元培学院正在实施的教育教学改革，就是在大学期间引导学生有更好的学习与成长的体验，将教与学的重心真正转移到“以学生为中心”的教育，使学生获得身心和智力上的自由，获得独立自由的思想和行动能力，实现在未来的可持续发展，培养学生成为对社会、国家和世界有理性认识和负责任的公民，从而成为能够面对复杂多变世界的挑战、引领未来的人。

2017年11月18日

## 附

## 《大学教育》编委会：

孙华（主任）、马建钧、陈洪捷、蔡磊砢、丁夕友

主编：

蔡磊砢

校阅：

王禹崯、李鑫宇、杨瑞、陈萍、周文杰

孟硕洋、夏洁、温心怡、童丽华、谭越

国家新闻出版广电总局
首届向全国推荐中华优秀传统文化普及图书

## ‖大家小书书目

| | |
|---|---|
| 经典常谈 | 朱自清　著 |
| 语言与文化 | 罗常培　著 |
| 习坎庸言校正 | 罗　庸　著　杜志勇　校注 |
| 鸭池十讲（增订本） | 罗　庸　著　杜志勇　编订 |
| 古代汉语常识 | 王　力　著 |
| 国学概论新编 | 谭正璧　编著 |
| 文言尺牍入门 | 谭正璧　著 |
| 日用交谊尺牍 | 谭正璧　著 |
| 敦煌学概论 | 姜亮夫　著 |
| 训诂简论 | 陆宗达　著 |
| 金石丛话 | 施蛰存　著 |
| 常识 | 周有光　著　叶　芳　编 |
| 文言津逮 | 张中行　著 |
| 中国字典史略 | 刘叶秋　著 |

古典目录学浅说　来新夏　著
闲谈写对联　白化文　著
怎样使用标点符号（增订本）　苏培成　著

诗境浅说　俞陛云　著
唐五代词境浅说　俞陛云　著
北宋词境浅说　俞陛云　著
南宋词境浅说　俞陛云　著
人间词话新注　王国维　著　滕咸惠　校注
苏辛词说　顾　随　著　陈　均　校
诗论　朱光潜　著
唐诗杂论　闻一多　著
诗词格律概要　王　力　著
唐宋词欣赏　夏承焘　著
槐屋古诗说　俞平伯　著
词学十讲　龙榆生　著
词曲概论　龙榆生　著
中国古典诗歌讲稿　浦江清　著
浦汉明　彭书麟　整理

| | |
|---|---|
| 唐人绝句启蒙 | 李霁野　著 |
| 唐宋词启蒙 | 李霁野　著 |
| 古典文学略述 | 王季思　著　王兆凯　编 |
| 古典戏曲略说 | 王季思　著　王兆凯　编 |
| 唐宋词概说 | 吴世昌　著 |
| 宋词赏析 | 沈祖棻　著 |
| 道教徒的诗人李白及其痛苦 | 李长之　著 |
| 闲坐说诗经 | 金性尧　著 |
| 陶渊明批评 | 萧望卿　著 |
| 舒芜说诗 | 舒　芜　著 |
| 名篇词例选说 | 叶嘉莹　著 |
| 唐诗纵横谈 | 周勋初　著 |
| 楚辞讲座 | 汤炳正　著 |
| | 汤序波　汤文瑞　整理 |
| 好诗不厌百回读 | 袁行霈　著 |
| 山水有清音 | |
| ——古代山水田园诗鉴要 | 葛晓音　著 |

| | |
|---|---|
| 门外文谈 | 鲁　迅　著 |
| 我的杂学 | 周作人　著　张丽华　编 |
| 论雅俗共赏 | 朱自清　著 |
| 文学概论讲义 | 老　舍　著 |
| 中国文学史导论 | 罗　庸　著　杜志勇　辑校 |
| 给少男少女 | 李霁野　著 |
| 鲁迅批判 | 李长之　著 |
| 英美现代诗谈 | 王佐良　著　董伯韬　编 |
| 三国谈心录 | 金性尧　著 |
| 夜阑话韩柳 | 金性尧　著 |
| 英语学习 | 李赋宁　著 |
| 漫谈西方文学 | 李赋宁　著 |
| 历代笔记概述 | 刘叶秋　著 |
| 笔祸史谈丛 | 黄　裳　著 |
| 古典诗文述略 | 吴小如　著 |
| 有琴一张 | 资中筠　著 |
| 鲁迅作品细读 | 钱理群　著 |
| 唐宋八大家——古代散文的典范 | 葛晓音　选译 |

| | | |
|---|---|---|
| 红楼梦考证 | 胡　适　著 | |
| 《水浒传》与中国社会 | 萨孟武　著 | |
| 《西游记》与中国古代政治 | 萨孟武　著 | |
| 《红楼梦》与中国旧家庭 | 萨孟武　著 | |
| 《金瓶梅》人物 | 孟　超　著 | 张光宇　绘 |
| 水泊梁山英雄谱 | 孟　超　著 | 张光宇　绘 |
| 《红楼梦》探源 | 吴世昌　著 | |
| 《西游记》漫话 | 林　庚　著 | |
| 细说红楼 | 周绍良　著 | |
| 红楼小讲 | 周汝昌　著 | 周伦玲　整理 |
| 曹雪芹的故事 | 周汝昌　著 | 周伦玲　整理 |
| 古典小说漫稿 | 吴小如　著 | |
| 三生石上旧精魂<br>——中国古代小说与宗教 | 白化文　著 | |
| 《金瓶梅》十二讲 | 宁宗一　著 | |
| 古体小说论要 | 程毅中　著 | |
| 近体小说论要 | 程毅中　著 | |
| 文学的阅读 | 洪子诚　著 | |
| 中国戏曲 | 么书仪　著 | |

| | |
|---|---|
| 中国史学入门 | 顾颉刚　著　何启君　整理 |
| 秦汉的方士与儒生 | 顾颉刚　著 |
| 三国史话 | 吕思勉　著 |
| 史学要论 | 李大钊　著 |
| 中国近代史 | 蒋廷黻　著 |
| 民族与古代中国史 | 傅斯年　著 |
| 五谷史话 | 万国鼎　著　徐定懿　编 |
| 民族文话 | 郑振铎　著 |
| 史料与史学 | 翦伯赞　著 |
| 唐代社会概略 | 黄现璠　著 |
| 清史简述 | 郑天挺　著 |
| 两汉社会生活概述 | 谢国桢　著 |
| 中国文化与中国的兵 | 雷海宗　著 |
| 两宋史纲 | 张荫麟　著 |
| 明史简述 | 吴　晗　著 |
| 北宋政治改革家王安石 | 邓广铭　著 |
| 从紫禁城到故宫<br>——营建、艺术、史事 | 单士元　著 |
| 史学遗产六讲 | 白寿彝　著 |

| | |
|---|---|
| 司马迁之人格与风格 | 李长之　著 |
| 司马迁 | 季镇淮　著 |
| 唐王朝的崛起与兴盛 | 汪　篯　著 |
| 二千年间 | 胡　绳　著 |
| 论三国人物 | 方诗铭　著 |
| 考古发现与中西文化交流 | 宿　白　著 |
| 中国古代国家的历史特征 | 张传玺　著 |
| 艺术、神话与祭祀 | 张光直　著<br>刘　静　乌鲁木加甫　译 |
| 中国古代衣食住行 | 许嘉璐　著 |
| 中国古代史学十讲 | 瞿林东　著 |
| 黄宾虹论画 | 黄宾虹　著 |
| 中国绘画史 | 陈师曾　著 |
| 和青年朋友谈书法 | 沈尹默　著 |
| 中国画法研究 | 吕凤子　著 |
| 桥梁史话 | 茅以升　著 |
| 中国戏剧史讲座 | 周贻白　著 |
| 俞平伯说昆曲 | 俞平伯　著　陈　均　编 |

| | |
|---|---|
| 新建筑与流派 | 童　寯　著 |
| 论园 | 童　寯　著 |
| 拙匠随笔 | 梁思成　著　林　洙　编 |
| 中国建筑艺术 | 梁思成　著　林　洙　编 |
| 沈从文讲文物 | 沈从文　著　王　风　编 |
| 中国画的艺术 | 徐悲鸿　著　马小起　编 |
| 中国绘画史纲 | 傅抱石　著 |
| 中国舞蹈史话 | 常任侠　著 |
| 海上丝路与文化交流 | 常任侠　著 |
| 世界美术名作二十讲 | 傅　雷　著 |
| 中国画论体系及其批评 | 李长之　著 |
| 金石书画漫谈 | 启　功　著　赵仁珪　编 |
| 吞山怀谷——中国山水园林的艺术 | 汪菊渊　著 |
| 中国古代音乐与舞蹈 | 阴法鲁　著　刘玉才　编 |
| 梓翁说园 | 陈从周　著 |
| 旧戏新谈 | 黄　裳　著 |
| 民间年画十五讲 | 王树村　著　姜彦文　编 |
| 民间美术与民俗 | 王树村　著　姜彦文　编 |

| | |
|---|---|
| 长城史话 | 罗哲文　著 |
| 中国古园林概说 | 罗哲文　著 |
| 现代建筑奠基人 | 罗小未　著 |
| 世界桥梁趣谈 | 唐寰澄　著 |
| 如何欣赏一座桥 | 唐寰澄　著 |
| 桥梁的故事 | 唐寰澄　著 |
| 园林的意境 | 周维权　著 |
| 万方安和<br>——皇家园林的故事 | 周维权　著 |
| 现代建筑的故事 | 吴焕加　著 |
| 中国古代建筑概说 | 傅熹年　著 |

| | |
|---|---|
| 国学救亡讲演录 | 章太炎　著　蒙　木　编 |
| 简易哲学纲要 | 蔡元培　著 |
| 大学教育 | 蔡元培　著<br>北大元培学院　编 |
| 老子、孔子、墨子及其学派 | 梁启超　著 |
| 中国政治思想史 | 吕思勉　著 |
| 天道与人文 | 竺可桢　著　施爱东　编 |

| | | |
|---|---|---|
| 春秋战国思想史话 | 嵇文甫　著 | |
| 晚明思想史论 | 嵇文甫　著 | |
| 新人生论 | 冯友兰　著 | |
| 中国哲学与未来世界哲学 | 冯友兰　著 | |
| 谈美书简 | 朱光潜　著 | |
| 中国古代心理学思想 | 潘　菽　著 | |
| 民俗与迷信 | 江绍原　著 | 陈泳超　整理 |
| 佛教基本知识 | 周叔迦　著 | |
| 儒学述要 | 罗　庸　著 | 杜志勇　整理 |
| 希腊漫话 | 罗念生　著 | |
| 佛教常识答问 | 赵朴初　著 | |
| 大一统与儒家思想 | 杨向奎　著 | |
| 孔子的故事 | 李长之　著 | |
| 西洋哲学史 | 李长之　著 | |
| 乡土中国 | 费孝通　著 | |
| 社会调查自白 | 费孝通　著 | |
| 经学常谈 | 屈守元　著 | |
| 墨子与墨家 | 任继愈　著 | |
| 汉化佛教与佛寺 | 白化文　著 | |
| 中西之交 | 陈乐民　著 | |

# 出版说明

“大家小书”多是一代大家的经典著作，在还属于手抄的著述年代里，每个字都是经过作者精琢细磨之后所拣选的。为尊重作者写作习惯和遣词风格、尊重语言文字自身发展流变的规律，为读者提供一个可靠的版本，“大家小书”对于已经经典化的作品不进行现代汉语的规范化处理。

提请读者特别注意。

北京出版社